目からウロコ!

驚愕《きょうがく》と共感《きょうかん》の
自閉症スペクトラム入門

赤木和重

Kazushige Akagi

全障研出版部

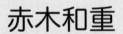

カバーデザイン／イラスト　いばさえみ

はじめに

自閉症スペクトラムに関する本は、本当にたくさん出版されるようになりました。イラスト付きで、「こうすればよい」とわかりやすいハウツーが書かれた本もあれば、専門家が手に取るような難解な用語が入った本までさまざまなものが出ています。

このような状況のなかで、改めて本を出すということに、とまどいがないわけでもありません。「いまさら……」と我ながらツッコミたくなります。それでも、2つの思いをもって、本書を上梓しました。

1つは、自閉症理解・教育の原点を伝えたかったからです。自閉症スペクトラムに関する研究は、日進月歩の状況です。5年前の「常識」が「非常識」となる例はいくらでもあります。「100人いれば少なくとも1人は自閉症スペクトラムをもっている」という状況を、20年前の我が国の多くの研究者は想定していなかったでしょう。研究がどんどん進んでいるため、真面目な私たちは、「新しいアセスメントを学ばねば」「自閉症スペクトラムの診断基準を学ぶぞ！」としゃかりきになります。もちろん、最新の情報は言うまでもなく大事です。

しかし、一方で、これまで私たちが大事にしてきた子ども理解の視点や、教育で大事にしたい原点を見失わないことも重要です。新しい知識や技術は、これまで私たちが大事にしてきた教育哲学や理念があってこそ、適切に用いることができるからです。

そこで、本書では、自閉症スペクトラムの新しい知識などを紹介しつつも、改めて自閉症理解・教育の原点についてわかりやすく書くことをめざしました。

もう1つは、我が国で行われている素晴らしい実践を読者の方に知ってほしかったからです。現在、「○○プログラム」「□□モデル」「××アセスメント」など外国（特に欧米圏）からの教育プログラムが輸入され、それが「よきもの」として紹介されています。確かにこれらの輸入プログラムから学ぶことは多くあります。しかし、同時に、我が国では、目立つとはいえないものの、丁寧な実践が地道に行われてきたことも事実です。これらの実践の蓄積に向き合い・学ぶことぬきに、短絡的に輸入プログラムを取り入れても、うまくいくことはないでしょう。

私が出会ってきた我が国の素敵な実践を紹介することを通して、自閉症スペクトラムの子どもの理解と保育・教育を考えます。

この2つのことを語る際、私は「目からウロコ」にこだわりました。「目からウロコが落ちる」とは、「あることをきっかけに、今までわからなかったことが急に理解できるようになることのたとえ」です。何かを理解するうえで大事なのは、新たな知識を得ると同時に、今までの自分の見方とは異なる見方をとることです。

できる限り斬新な実践を紹介することで、自分の自閉症スペクトラムに対する「常識」を改めて見直す機会にできればと思いました。たとえば、「ほめることが大事」「できることが増えたほうがいい」「感覚過敏な子どもには静かな環境を用意する」といった「確かにそうやな」とされてきた見方に対して、「ほんまにそうなん？」と異議を唱えつつ、新たな子ども理解を提起しました。なかには戸惑ってしまうような話もあるかもしれません。でも、そのことで、私の本から答えを得るのではなく、考えを深めるきっかけになればうれしいです。

本書の構成は、大きくは3部に分かれています。

第1部は、自閉症スペクトラムの子ども理解について書きました。「あこがれる」「自己肯定感」「できるようになること」など、自閉症スペクトラムの子どもを理解するうえで重要となる基本的なことについて述べました。

第2部は、自閉症スペクトラムの子どもの教育について書きました。「ほめる」「教える」といった、子どもを教え、育てるにあたっての基本的なことがらや、「特別あつかい」などインクルーシブ教育を進めるうえで重要な問題について述べました。

第3部は、自閉症スペクトラムの子どもの発達理解について書きました。彼らの発達をどのようにとらえるのかについて、いくつかの実践をもとに書きました。また、これまでのまとめを兼ねて、最終章において、自閉症スペクトラムの子どもの発達と教育について論じました。

3部に分けましたが、各章は独立していますので、どこから読んでいただいてもかまいません。

本書の試みが成功したかは、読者のみなさまの評価にゆだねるほかありません。ですが、読者の方が、自分がかかわっている子どもの姿を少しでも思い浮かべられるような本になっていれば、望外の喜びです。

なお、本書では、一部を除いて、個人の特定を避けるため、子どもや利用者の名前を仮名にしています。加えて、一部のエピソードでは細部を変更しています。実践者については許可を得たうえで、実名としています。自閉症の名称については、「自閉症」「自閉症スペクトラム障害」「自閉スペクトラム症」などさまざまなものがありますが、本書では、現時点でよく使用されている「自閉症スペクトラム」に統一しました。

目からウロコ！　驚愕と共感の自閉症スペクトラム入門◎もくじ

もくじ

第3部　自閉症スペクトラムの子どもの発達

本書は、２０１４年４月から２０１５年３月にかけて『みんなのねがい』にて連載した「目からウロコ！　障害児の発達を学ぶ：自閉症の子どもの発達と保育・教育』をもとに、大幅に加筆・修正したものです。また、コラムは、全障研兵庫支部の機関紙「はぁとブリッジ」に掲載した原稿をもとにしています。

なお、本書を構成する研究の一部は、ＪＳＰＳ科研費 ＪＰ２６３８０８８４および神戸大学大学院人間発達環境学研究科「研究推進支援経費」の助成を受けたものです。記して感謝いたします。

第１部

自閉症スペクトラムの子どもを理解する

他者の気持ちは、簡単にはわかりません。ましてや、感じ方・考え方が独特な自閉症スペクトラムの子どもを理解することは簡単ではありません。

しかし、その独特さを一歩ずつ理解していくと、不思議と、そのユニークさに心ひかれるようになります。同時に、「同じように感じているところもあるよなぁ」と気づけたりします。そんなとき、彼らとの距離がちょっと縮まったような気がしてうれしいものです。

第１部では、自閉症スペクトラムの子どもの理解を、「自閉症とは～という特性がある」といった障害特性の紹介にとどまらず、彼らのねがいや悩みに少しでも気づけるような理解のあり方についてお話しします。

第1章 あこがれる

◈私の原点

私の原点といえる学生時代のエピソードから始めましょう。私は障害のある子どもと遊ぶサークルに入っていました。そこで、自閉症スペクトラムのある小学校4年生のこうちゃんに出会いました。こうちゃんは、話し言葉は「イヤ」という一語で、いつもは手さしや声で要求する笑顔のとってもステキな少年でした。

そんなある日、こうちゃんのお母さんが「赤木くん、あのね、あるお母さんが話していたんだけど……」と言いながら、次のようなエピソードを話してくださいました。「他の子どもが机にのぼったのを見て、そのお母さんの子どもも机にのぼったんだって。それを見てそのお母さんは『悪い見本を見てしまった。うちの子に変な情報が入ったわ』と言ってたの」

フムフム。確かに悪い見本ですわなぁ～と私は思いました。だって「問題行動」が伝染したわけですから。

◈机にのぼる子どもを見てうれしい

ところが、こうちゃんのお母さんは次のように続けました。「うちの子が、机にのぼったら、私ならうれしいのだけど」

えぇぇぇ〜〜、びっくり仰天です。机の上にのぼる問題行動がうれしいのですか⁈　何を言っているのでしょうか、お母さん！

お母さんは続けます。「だってね、うちの子は友だちの様子を見て『自分もやってみたい』って思うことが少ないから。それってとてもステキなことじゃないかしら」

「目からウロコ」的衝撃を受けました。当時は、その衝撃をうまく言葉にできなかったのですが、今なら、こうちゃんのお母さんの発言の意味を言葉にすることができます。お母さんの発言から私は次の3つを学びました。

◈行動の裏にある思いをとらえる

1つ目は、目の前の行動の善し悪しにとらわれず、その行動の裏にある子どもの思いをとらえる視点です。「机の上にのぼる」という行為だけに注目すれば、悪いことであり、なくすべき行動です。しかし、その子なりののぼった理由をたどると、友だちの様子を見て「自分もしてみたい」という思いが見えてこないでしょうか。

そうすると「机にのぼる」行為の意味が鮮やかに変わります。「なくすべきもの」から「誰かにあこがれている思いが出てきたんだ」と見方が変わります。見方を変えてみると、あら不思議、行動の意味が180度変わります。行動の意味が変われば、かかわりや実践も変わります。「いかに机にのぼるのをやめさせるか」と考えるのではなく、「友だちにあこがれる思いを膨らませるような活動を準備しよう」と実践を創造的に発展させる方向が生まれます。こうなるとガゼン、実践は楽しくなります。「悪い行動をどうなくすか」の話し合いよりも「あこがれの気持ちや行動をどう引き出すか」という話し合いやかかわりのほうが断然楽しいですよね。

◈自閉症スペクトラムとあこがれ

２つ目は、自閉症スペクトラムという障害においては、「あこがれ」という思いをもつことが困難であるという事実です。「誰かの行為を見て、自分も同じようにやってみたい」という思いは、障害のない子どもの場合、生後９、10か月ころから見られます。たとえば、お母さんがお化粧をしたり、ブラシで髪をとかしているのを見て、同じようなことをやろうとします。私の娘は、１歳をすぎたころ、洗濯バサミを髪にあてて、お母さんのブラシのまねをよくしていました。

一方、自閉症スペクトラムの子どもは、コミュニケーションの発達に困難があります。その１つとして、他者の行為を自分から模倣（まね）しないことがあげられます。「自分から」というところがポイントです。大人が「先生と同じようにしなさい」と言って行為を見せると、まねできる自閉症スペクトラムの子どもは少なからずいます。しかし、大人からの指示なしに、自ら相手の行動をまねすることは難しいのです。この事実は、奥の深い問題です。というのも、「まねできる」という能力はあるにもかかわらず、まねをしようという思いがなかなか育ちにくいことを意味しているからです。このようなあこがれの思いを育てることは、まねをさせること以上にとても難しいです。「あこがれて同じようにしなさい」と指導したとたん、自らあこがれる思いを奪っていることになるわけですから。障害のない子どもが何気なく見せる姿が、自閉症スペクトラムの子どもにとっては困難であることがわかります。

◈「あこがれ」のもつ発達的価値

3つ目は、「あこがれる」ことのステキさについてです。こうちゃんのお母さんは単純に「できないことができてうれしい」と思っていたわけないよな、と今は感じています。まして、「あこがれることができれば、社会で困らずに生きていけるようになる」と感じたわけでもないと思います。「あこがれる」ことに、大きな意味や価値を見いだしたからこそ、ステキと感じられたのだと思います。

でも……あこがれってそんなにステキなものなのでしょうか。極端に言えば、他の人にあこがれなくても生きていけますよね。お母さんは、あこがれにどういう意味や価値を見ていたのでしょうか?

あこがれには、子ども自身が自分で変わっていく芽が見える、だからこそ意味があるのだと思います。あこがれることは、他者との豊かな関係性を前提として、今の自分にはもっていないものをもちたいと思う気持ちの表れです。だからこそ、新しい自分をつくっていく土台になります。

障害のない子どもの発達に目を配ると、このことの意味がよくわかります。お母さんが口紅を塗っているのをじーっと見て、自分もやろうとする10か月や11か月の子どもの姿をよく見ます。お姉ちゃんがラケットを振り回しているのを見て、とにかく僕もやってみたい２歳の子どもに出会います。「ありふれている」と形容してもよいほど、よく見られる光景です。でも、このような行動のなかでこそ、子どもは新しい自分に変わることができます。あこがれは発達の原動力です。

誰かに指図されたわけでもなく、人との関係のなかで自分で自分を変えていく……そういうあこがれの価値を知っていたからこそ、机にのぼることに大きな意味を見いだしたのだと思います。

目の前の現象にとらわれず、その行動の背景にある子どものねがいや悩みを見つける。そして、その子どもがもっているねがいや悩みの意味や価値を、発達や障害の科学的事実に学びながら、確かなものにしていく。このときのお母さんの一言は、今でも私の研究や実践をすすめる原点になっています。

◈目からウロコ

保育者や教師、福祉職員が専門職として力をつけていくには何が必要でしょうか。すぐに思いつくのは知識や技術です。自閉症スペクトラムという障害について詳しく知っていたり、かかわり方や教材作成の技術が身につけば、専門職としての力が高まるように思います。確かに知識や技術は必要です。ただ、それだけでは、十分ではありません。

知識や技術に加えて、もしくはそれ以上に必要なのは、子ども観や保育・教育観といった「子どもの見方」や「指導の考え方」です。

「机にのぼるのはダメなことだ」という見方をしていれば、どれだけ障害の知識や指導技術を身につけても、机にのぼるのをやめさせる方向にしか生かせません。むしろ知識や技術を学べば学ぶほど、机にのぼらせない方向を強くしてしまうことになります。

実践者が成長するとき、そこには必ず自分の価値観がゆさぶられるような子どもとの出会い、保護者との出会いがあります。逆に言えば、実践や子育てがうまくいっていないときは、子どもの見方が固定化して、煮詰まっているときです。そんなとき必要なのは「目からウロコ」です。特に自閉症スペクトラムの子どもの場合、私たちの「常識」から見れば理解の難しい行動をすることがしばしばあるため、見方を変えることは大事になります。

私が駆け出しの発達相談員だったころ、数字の「2」が大好きな5歳の子どもに出会ったことがあります。その子は、「広汎性発達障害」（当時）という診断を受けていました。相談で出会うたびに、彼は「2」を延々と書き続けます。当初、私は「こだわり」と見ていました。それほどうれしそうな表情をすることもなく、そして、こちらの問いかけにもなかなか応じず、「2」を書き続けていたからです。そんなある日、彼が、私に手紙を渡してくれました。うれしくてうれしくて、封筒を開けました。すると、そこには、「2」の羅列。でもその日は、その羅列がとてもうれしく感じました（と同時に私のこれまでの偏狭な見方が恥ずかしくなりました）。「2」に私への好意が込められていたからです。こだわりとだけ見ていれば、「なくすべき2」になりますが、そこに彼の気持ちが込められていると見いだせば、「愛すべき2」に変わります。数字の「2」自体は不変ですが、しかし、その意味は、子ども理解のあり方によって大きく変わります。だからこそ、子どもの見方や指導の考え方を意識することが大事になります。

本書では、私が出会った実践や私が行った研究を通して、子どもの見方が変わる、指導の考えが変わるような目からウロコのエピソードを紹介しながら、自閉症スペクトラムの子どもの理解や指導・子育てのあり方について一緒に考えていきます。

コラム 1

世界を変えるのは、正しさでなくおもしろさ

しばらく前の話になりますが、2011年11月3日に、渡部昭男さん（神戸大学教授）や木下孝司さん（神戸大学教授）、川地亜弥子さん（神戸大学准教授）たちと、「『発達保障』50周年と発達研究の展望」と題するシンポジウム（神戸大学人間発達環境学研究科主催）を行いました。

このシンポジウムのなかで印象に残った発言があります。どなたの発言か記憶が曖昧なのですが、次のような趣旨でした。「映画『夜明け前の子どもたち』（糸賀一雄監修、1968年）ができたころのことを思い出す。田中昌人先生が中心となってつくられた理論（可逆操作の高次化における階層―段階理論）は難しかった。でも、ワクワクした」という発言です。

とても難解な階層―段階理論を「ワクワクした」というのです。私の頭のなかは？？？です。しかし、一方で、なるほどとも思いました。世界を変えるのは、正しさではなくおもしろさなのだと。

階層―段階理論が構築されていった当時、みなが正しく理解していたとは思えません（少

なくとも私はいまだに理解できていません)。でも、階層―段階理論が、子ども理解や教育のあり方を変えていくという予感が直感的に共有されたのでしょう。「目からウロコ」の視点だったのだと思います。だからこそ、ワクワクしたのでしょう。

障害児教育・福祉を変えていくのは、「これをすればよくなる」といったマニュアル主義を背景とする正しさではないはずです。何が起こるかわからないけど、何か大事なことが起こりそうなおもしろさこそが、未来を切り開いていくのだと思います。

今、子どもや教育を大切にしない動きがあちこちで起こっています。どう対抗すればいいのでしょうか。1つは、「正しく」反論することです。でも、もう1つ大事なことがあるように思います。「おもしろい」動きをつくりだすことです。「こういうおもしろい実践をしたら、子どもの違う顔が引き出されるのでは?」「こういうおもしろい研究をしたら、子ども理解が変わるんじゃないか」……。そんな流れを一歩ずつ確かなものにしていきたいし、その確かな流れが、教育を変えていくはずだと思う今日この頃です。

第2章

「自分でいい」から「自分がいい」へ

自己肯定感の先にある自己効力感

◆「ごめんなさい」

小学校2年生の通常学級を訪れたときのことです。高機能自閉症スペクトラムのあるカイくんと出会いました。国語の授業です。プリントで漢字の復習をしています。「心」「走」……カイくん、順調に書いていています。ところが、3つ目。「ゆき」の漢字が思い浮かびません。書こうとするものの「雪」が出てこない様子。すると、カイくん、突然「ごめんなさい」「ごめんなさい」と大きな声を出しはじめました。先生が「何も怒っていないよ、大丈夫だよ」と声をかけます。しかし、カイくんは「ごめんなさい」を繰り返し、ついには自分の頭を叩きはじめました。誰にとっても、そして、なによりカイくんにとって、本当につらい時間でした。

「ごめんなさい」を繰り返すカイくんの姿に、彼のつらかった歴史が垣間見えました。これまでの歴史のなかで、答えを間違えたとき、カイくんは大人から注意をされてきたのでしょう。しかし、その大人の注意は善意からであったとしても、彼にとっては「自己否定」の言葉として降りかかってきたに違いありません。だからこそ、他者に迷惑をかけていないにもかかわらず「ごめんなさい」を繰り返し、大人の叱責を逃れようとしたのでしょう。

しかし「ごめんなさい」を繰り返しても自分の苦しみからは解放されません。「自分ができない＝自分は否定される」という構図は変わっていないからです。「正解できるように」という大人の善意が、結果として子どもを苦しめてしまっています。つらく悲しいことです。

◈「自己肯定感」とその先にあるもの

いま、実践や研究のなかで最もよく使われている用語の１つは、自己肯定感です。

自己肯定感とは、「ありのままの自分を受け止め、自己の否定的な側面もふくめて、自分が自分であって大丈夫だとする感覚のこと」です（赤木、２０１０）。また、「何もできなくても自分がそこにいてよいと感じられる、自己のかけがえのなさ」を実感する共感的自己肯定感も重視されています（別府、２００９）。

なぜ、これだけ自己肯定感という言葉が多く用いられているのでしょうか。細かい理由はさまざまでしょうが、結論は１つです。それは「ありのままの自分」「できなくてもよい自分」でいられない現状が、今の日本の教育――もっといえば日本の社会――に広がっているからです。「できるようにならないと生きていけない」「強くないと生きていけない」。そういう流れを、もろに受けるのが子ども、特に生きづらさを抱えている子どもたちです。カイくんもその1人でしょう。本来「できない」ことは、人格を否定されるべきことではありません。むしろ賢くなるチャンスです。しかし、そのようなゆとりや考えを、大人は知らず知らず失っています。当然、子どもたちも、そのようなゆとりや考えはもてないでしょう。

だからこそ「○○ができる」ことを教える前に、子どもたちに「ありのままの自分でいい」という感覚をつかんでもらうことは、とっても重要だと思います。

そのうえでとなるのですが、気になることがあります。「ありのままの自分でいい」「何もできなくても、そこにいてよい自分」という自己肯定感だけでいいのでしょうか。「何もできなくてもよい」と安心することは教育・子育ての出発点としては大事ですが、しかし、「何もできなくてもよい」ままで、満足する子どもは少ないように思います。

どう考えたらいいのだろう？……というモヤモヤをすっきり！させてくれた実践を紹介します。この実践に学びながら、「ありのままの自分でいい」という自己肯定感の先にあるものを考えます。

「新体操ごっこ」と名づけよう

近藤直子さんが、4歳で保育所に入所してきた自閉症スペクトラムがある子どもの素敵なエピソードを報告しています（近藤、2012）。
あやねちゃんは、保育所に入ったものの、音が苦手だったのか部屋に入れませんでした。保育者は、熱心に誘いかけます。すると、ある日、あやねちゃん、玄関のガラスを割って「脱走」してしまいました。保育者は「そんなにイヤだったんだ」と気づき、静かな遊戯室で受け止めるようにしたそうです。あやねちゃんは、こだわりの「ヒモふり」だけを延々と続け、保育者は1か月間、見守っていました。ところがしんどくなって、近藤先生に相談したとのこと。

保育者は、無理に部屋に誘いかける保育を反省したのでしょう。「部屋に入らなくてもいい」「そのままでも（ヒモをふったままでも）いい」というように、あやねちゃんのありのままを認めます。しかし一方で、保育者はしんどくなっています。

その様子を見て近藤先生は、あるアドバイスをします。「ヒモふり」という名前がアカン、そうじゃなく「新体操ごっこ」と名づけようや、と提案するのです。確かに「ヒモふり」という名前には「よくない」とか「問題」というイメージがどこかにあります。子どもが楽しさを感じていたとしても、保育者は、その楽しさを共有しにくい状況です。名前を変えることで、保育者も楽しく遊ぼうという気持ちが出てくることを願ったのでしょう。保育者の方も、近藤先生の提案を受けてノッてきます。推測になりますが、保育者は「ヒモをとりあげる」「ヒモを受け止める」の間で動きがとれなかったのでしょう。そのなかで、近藤先生の遊び心のある提案を受けて、一緒に「遊んでみよう」と気持ちが明るくなったのではないでしょうか。

だからこそ「ヒモじゃなくてリボンやなぁ」と新しい工夫と遊びが生まれます。そんな保育士さんの変化に、あやねちゃんの友だちがいち早く気づきます。新体操ごっこをやりたくなります。子どもって、楽しそうな人を見るとその気になりますよね。あやねちゃん、ずっとヒモを振っているから、スナップがきいて上手なわけです。友だちは「じょーず」とほめます。すると、あやねちゃん、友だちに目がいくようになります。一方、友だちは、新体操ごっこだけを続けることはできずに、しっぽとりのような別の遊びを始めます。するとあやねちゃんは、友だちの後をついて、いつの間にか「騒がしい」はずの保育室に入るようになりました。

◈「ヒモふりがいい」

私が、このエピソードから学んだのは、「ヒモふりでいい」と「ヒモふりがいい」の違いです。

エピソードの前半は「ヒモふりでいい」「ヒモふりでもいいかな」というとらえ方です。保育者はヒモふりを否定していません。そのままでいいよ、と言っています。ですから、子ども自身が自己否定感をもつことはないでしょう。しかし、その一方で、保育者は、ヒモふりを積極的にとらえているわけではありません。だから、子どもが自ら変わっていく兆しを感じとることができていません。

一方、「新体操ごっこ」になった後半は対照的です。「ヒモふり」を「それは素敵やなぁ」と積極的にとらえています。「ヒモふりでいい」のではなく「ヒモふりがいい」のです！　ヒモふりは、こだわりでもなんでもなく、その子だけがもつ強烈な良さなのです。そう認識するからこそ、新たな実践の展開が生まれています。

◈「自分がいい！」

ここまでは「ヒモふり」といった行為について触れてきましたが、「自分」そのものにおいても同じです。自閉症スペクトラムの子どもが、ありのままの「自分でいい」という感覚をもつことは重要です。しかし、それだけでは十分ではないと思います。「自分でいい」という感覚をベースに、その今の「自分がいいねん！」

「それぞれ、そのやってる行為そのものが素敵やねん！」という「自分がいい」という感覚をもつことが重要です。この感覚を、心理学では自己効力感と呼びます。

では、このような「自分がいい」という自己効力感を子どもがもつためには、どのような保育・教育を意識すればよいのでしょうか。

1つは、今の子どもの状態を「欠けている」と見ないことです。「この子どもには、○○という能力が足りない」「○○をさせないといけない」と思っているなかでは、決して「自分がいい」という感覚は生まれません。今、子どもがもっている手持ちの能力のなかに、唯一無二の素敵な原石があります。その「素敵」なものを見つける大人のまなざしが求められます。

もう1つは、その原石を、集団のなかで輝かす指導です。ヒモふりは、保育者のかかわりがなければ「ヒモふり」で終わってしまっていたでしょう。保育者が「新体操ごっこ」として、子どものもつ行為を素敵に意味づけたうえで、集団のなかに位置づけたからこそ、あやねちゃんは自ら変わっていくことができました。

このような指導を経て、子どもが「自分がいい」という感覚をもったとき、そこには素敵な世界が広がります。子どものもっている能力の全面的開花です。

冒頭で紹介したカイくんのような生きづらさを抱えた子どもたちも、きっと「自分でいい」という自己肯定感だけではなく、「自分がいい」んだという自己効力感をもてるはずです。そのために私たちは、どのようなまなざしをもつべきなのかが問われます。

〈引用文献〉

赤木和重（2010）「自己肯定感」茂木俊彦ほか編『特別支援教育大事典』旬報社
別府 哲（2009）『自閉症児者の発達と生活：共感的自己肯定感を育むために』全障研出版部
近藤直子（2012）『自分を好きになる力：豊かな発達保障をめざして』クリエイツかもがわ

第3章 「できることにこだわらない」とは？

◈できることにこだわらない

発達保障の立場にたつ実践では、「できることにこだわらない」という指摘がたびたびなされてきました。たとえば丸山啓史さんは、能力の向上（できること）だけで子どもの発達を考えるのではなく、人格の豊かさを捉える必要があると指摘しています（丸山、２０１２）。確かにそのように感じます。……でも、よくよく考えてみると、そもそも、なぜ「できる」ことだけにこだわってはいけないのでしょうか。「できる」ことがたくさんあったほうが、この厳しい世の中で生きやすくなる気がします。それに「できる」ことで自信がつけば、自己肯定感も高まりそうです。特に、障害のある子どもは「できない」ことも多いです。だからこそ「できる」ことをめざすべきだし、実際「できる」ことをめざしている教育もたくさんあります。

◈18＋3は？

ハッとさせられたエピソードがありました。知的障害と自閉症スペクトラムのあるカズホくん（小学校・特別支援学級に在籍）。多動傾向が強く、じっと座って学習することが難しい子どもです。保育園のときは、散歩は命がけだったそうです。特定のお店のマークを見ると、車がビュンビュン通っているのもかまわず、マークめがけて突進していたからです。

さて、そんなカズホくんに、担任の村上公也先生が「18＋3は？」と問題を出しました（村上・赤木、２０１１）。先生としては、できると思ったのでしょう。ところが、カズホくんは詰まってしまったのです。前日はできていた問題です。忘れてしまったのでしょうか……。

もし、みなさんが先生だとしたら、このとき、カズホくんにどのような言葉をかけますか？

学生に尋ねてみました。すると、「『指を使いなさい』と言う」とか「8＋3を考えさせる」「おはじきを使うように言う」などの意見が大半を占めました。なんとかして「21」ができるようにという意見です。学校現場でも、同じような言葉かけは多く見られます。さらにいえば、万策尽きると、「に、に、にじゅう、い、い……」と、算数なのか当て物ゲームなのか、よくわからないヒントが出されることもあります。

◈子どもは「考えている」

村上先生はカズホくんに次のように言葉をかけました。「そうや、それが考えるっていうことや、よう考えてるなぁ」。確かにそうです。子どもは「できない」のではなく「考えている」のです！　その証拠にカズホくんは問題に詰まることができているのですから。

こうしてみると、学生の意見の気になるところが浮かび上がってきます。学生の意見はさまざまですが、根底は共通しています。「できる」ことにこだわっているのです。もちろん、子どものことを思ってのことだとはよくわかります。しかし「できる」ことにこだわることは、一歩間違えれば、子どもに「今、あなたはできていませんよ」というメッセージを向けることにつながります。まじめな子どもほど、その先生のヒントのなかに自己否定のまなざしを感じます（第2章のカイくんの姿を思い出してください）。

しかし、村上先生の言葉かけは、このように「できるようにさせる」という声かけとは質が異なります。子どもの詰まった姿のなかに「できる／できない」を超えた「考える」姿を見いだしています。そこにウソはありません。だからこそ、カズホくんはふっと肩の力をぬくことができました。「できない」自分ではなく、「考える」自分に気づき、その「今の自分がいいんだ」と思える契機になっています。

◆背中ヒント――自分でできる

とはいえ、「その後、どうすんねん！」とお思いの方もいるかもしれません。確かに。ほめるだけで、最後は「に、に、にじゅう……」と先生が言ってしまえば、結局、子どもにとっては同じことのように思えます。

村上先生は、子どもをほめた後、教壇のあたりでなにやらごそごそしています。そして「この問題は難しいわぁ」と言いながら、くるっと子どもに背を向けます。すると背中にはカードがかけられています（写真1）。名づけて「背中ヒント」。普段はあるはずのないカードがかけられているのですからカズホくんはいきおい注目します。見ると、日ごろ学んでいる積み木の絵。だから「自分で」答えがわかります。「21！」と勢いよく答えます。先生は「ようわかったなぁ」と声をかけます。カズホくんは得意満面です。

写真１　背中ヒント

最初、私は「なんか、おもしろいことしてるなぁ」と思っただけでした。しかし、あとあと、この教具には深い意味があるように思えてきました。ヒントを出している点では、言葉かけと同じです。しかし、「できた」ことの意味が違います。「背中ヒント」では、先生は子どもに直接的な指示をしていません。あくまで子どもが「自発的に」答えを出しているのです。だから子どもは自分で「できた」と感じるのです。もちろん急いで断っておきますが、このようなやり方だけで数の力がつくわけではありません。この後、村上先生は数の実質的な指導を行います。ここではあくまで数の指導「以前」の子どもの見方について述べています。

◈「できることにこだわらない」

村上先生と子どもとのやりとりから、「できることにこだわらない」ことの意味が見えてきました。

1つ目は、「できる」こと自体が大事なのではなく、その裏にある子どもの内面をつかむことが重要だということです。行動レベルだけで「できる」「できない」を見ていると、子どもに「できる」ことを求め、教えがちになります。しかし、それだけでは子どもを追いつめることになりかねません。「できる」「できない」という行動の裏にある内面――この例でいえば「考える」――を見ぬき、そこに価値を見いだす目が求められます。

2つ目は、「できる」こと自体が大事なのではなく、「自分でできた」と感じられることが重要だということです。私たちは、子どもが「21」という答えを言ったとき、子どもができたと思います。しかし、その「できた」は、本当に子どものものなのでしょうか。大人が多くのヒントを言えば言うほど、その「できた」主体は大人のものになっている可能性があります。あくまで子どもが自分でできたと感じる視点と工夫が必要です。

３つ目は、私たちは思っている以上に「できる」ことに縛られているのだと自覚することです。「できることにこだわらない」というのは口で言うのは簡単です。でも簡単なことではありません。特に、目の前で子どもが困っていると、「できるようにしてあげたい」と思うのは普通のことです。しかし、それは「できること」に縛られてしまうことになりかねません。子どものどこを見ているのか、何を大事にして教育したいのかを問い直す必要があります。

◈「できる＝幸せ」幻想を超えて

特別支援学校を卒業した青年たちが多く通うエコールＫＯＢＥ（福祉事業型「専攻科」）の職員（当時）、吉川史浩さんの話をうかがう機会がありました（現在は、一般社団法人 Water Ground Mountain 代表理事。エコールＫＯＢＥの実践については、岡本・河南・渡部〈２０１３〉を参照）。吉川さんは、エコールＫＯＢＥで、さまざまな指導をされていましたが、その１つとしてサッカーを教えておられます。

吉川さんが、サッカーの指導で一番大事にしているのは、「サッカーができる青年ではなく、サッカーが好きな青年になってほしい」ことだそうです。

写真２　エコールKOBEのサッカー練習のひとコマ

このような考えをもつようになったきっかけは、エコールKOBEの青年たちの様子にあるそうです。彼らの多くは、特別支援学校時代に、サッカーの指導を受けていないます。そのこともあって、ボールを蹴る基本的なスキルはあります。にもかかわらず、「どうせ、できないからしたくない」という態度を見せる青年が多いそうです。また、シュートを1回失敗すると、「もう、だめだ！」と混乱してしまい、それ以上、取り組まない青年もいました。「できる」ことが多いにもかかわらず「自信がない」「できないことはだめだ」という感覚をもっている青年の多さに驚いたとのこと。そのため、「できる―できない」にこだわらず、青年たちがサッカーを好きになるようなさまざまな実践を工夫されました。たとえば、最初は、服装など形式的なルールにはこだわらないそうです。もちろんジャージが好ましいのですが、たとえば、ジーパンで運動場に来たとしても、注意はせず参加してもかまわないことを伝えるとのこと。運動場に来た時点で、本当はサッカーをしたいというねがいをもっていると思えたからだそうです。実際、サッカーに参加して、その楽しさを実感するようになると、不思議と、運動着に着がえて参加するようになるそうです。

同時に、サッカーの活動では、指導者自らが失敗するのを見せたり、冗談を言ったりして「できなくてもよい」という雰囲気をつくることを心がけているとのことでした。また、プロのサッカー選手がシュートに失敗する様子をビデオで一緒に見るなどして「すごい人でも失敗することもあるんだよ」と伝え「できない」ことへのハードルを下げています。

一方で、ボールがラインを越えた場合は、きっちりと笛を吹き、スローインに切り替えます。その理由を尋ねたところ、「このルールを守らないとサッカーの試合が楽しめないから」とのこと。

これらの指導に通底しているのは、「できなくてもＯＫ」「最初はまずはやってみることから」「楽しさを追求する」という姿勢です。好きになるために入り口を広くし、自分から「しよう」という気持ちになるのを待っていることが伝わってきます。

吉川さんの主張や実践に共感すると同時に、学校教育のあり方について考えさせられました。障害のある青年たちが受けてきた学校時代の教育は、サッカーができるように教えた結果、サッカーを好きになれない青年を生みだしてきたことを感じたからです。

私たちは、できることが多いほうが幸せだという「できる＝幸せ」の考えに取りつかれているのかもしれません。でも、その考えは幻想です。できることが多ければ幸せなのではなく、いろんなことを好きだと感じるから幸せなのです。

サッカーだけでなく、勉強や遊びでも同じです。私たちは、勉強や遊びができる子どもではなく、勉強や遊びが好きな子どもに育ってほしいと願っているはずです。でも私たちは、この当たり前のことを繰り返し主張しないといけない時代に生きています。こんな時代を変えていけるのは、「できる」「できない」を超えたところを見つめる確かな子ども理解と、その視点を具体化した豊かな実践にあると信じています。そして、そのような実践を構想するヒントは、今・私たちが行っている実践のなかにこそあるんじゃないかなと思います。

〈引用文献〉

丸山啓史・河合隆平・品川文雄（２０１２）『発達保障ってなに？』全障研出版部
村上公也・赤木和重（２０１１）『キミヤーズの教材・教具：知的好奇心を引き出す』クリエイツかもがわ
岡本　正・河南　勝・渡部昭男（２０１３）『福祉事業型「専攻科」エコールＫＯＢＥの挑戦』クリエイツかもがわ

第4章 感覚過敏

◈自閉症スペクトラムの診断基準の改訂

２０１３年、ＤＳＭ（精神疾患の診断・統計マニュアル）が、ＤＳＭ－５に改訂されました。改訂の概要については、『みんなのねがい』２０１３年12月号の奥住秀之さんの解説や、その他、ＤＳＭの改訂について書かれた本をご覧ください（森ほか、２０１４）。

この改訂作業に伴い、自閉症スペクトラムにおいても、重要な変更がいくつかありました。その1つに、感覚の問題があります。これまでは、自閉症スペクトラムのある子どもの感覚過敏が指摘されることはありましたが、診断基準には含まれていませんでした。それが、今回の改訂により、診断基準に含まれることになりました。それだけ、多くの自閉症スペクトラムのある子どもが、感覚過敏という特徴をもっていることの表れといえます（なお、感覚の鈍さも指摘されています）。

◈感覚過敏

自閉症スペクトラム当事者である小道モコさんは、服のタグはもちろんのこと、服のぬいあわせの凸凹が気になり、その凸凹の数ミリで悪夢を見たり、無意識に体に力が入って偏頭痛になることもあると書かれています（小道、２００９）。触覚過敏の典型的な特徴です。

私が出会った高機能自閉症スペクトラムのあるヨウヘイくんは、お母さんが出してくれたオレンジジュースが入ったコップを一口飲んで「クサイ」と一言。しかし、お母さんがにおいをかいでもオレンジジュースの香りしかしません。賞味期限も切れてないし……とお母さんは思うのですが、ヨウヘイくんは「クサイ」の一点張り。そこで、お母さんはハタと気づきます！１時間前に生魚を触ったのです。もちろん石鹸で手を洗っていたのですが、魚のにおいがついた手でコップを触ったからでしょう。嗅覚過敏です。

他にも、運動会でのピストルの音が怖いといった聴覚過敏、ある特定のメーカーの特定の銘柄のウインナーしか食べることができないといったような偏食につながる味覚の過敏さも見られます。

自閉症スペクトラムでない人にとってはなんともないような刺激が、自閉症スペクトラムのある人にとっては不快なものとして感じられてしまう。それは、コミュニケーションの困難とは質の違う生きづらさです。自閉症スペクトラムのある子どもたちは、「不快刺激にあふれた環境」のなかで生きているのです（別府・奥住・小渕、2005）。

このような感覚の過敏さに対して、まずはその過敏さを和らげる手立てが必要です。実際、さまざまな配慮がなされるようになってきています。静かな部屋を準備したり、音の大きさを和らげる「イヤーマフ」を子どもにつけてもらう手立てなどがなされています。

◆でもでも……

このような配慮は必要です。一方で、私にとっては、「感覚過敏」という一言では説明のつかない子どもの姿が目に焼きついていました。特別支援学校の中学部に在籍していた知的障害と自閉症スペクトラムのあるヒロミチくんです。ヒロミチくんは、最初は、特定の友だちの声だけが苦手でした。しかし、他の声や音にも苦手さが広がっていき、いまでは、イヤーマフをしてさらにそのうえから服をかぶり、自分からは動こうとしません。家では寝るときですらイヤーマフをするようになりました。

ところが、学校の先生の話によれば、好きなバンドのコンサートには行くのだそうです。しかもイヤーマフなしで！　どう考えてもコンサートは大音量です。重低音から高い音、そして、黄色い声まで、音域も学校や家庭の比ではありません。「感覚過敏」という一言ではどうにも説明がつきません。

ヒロミチくんの話は、マレなことなのかと思いきや、さまざまな方に聞いてみると、どうも似たような場合があるとのこと……。どういうことなのでしょう。

◈感覚過敏は絶対なのか?

そのようなとき、感覚統合がご専門である太田篤志先生（姫路獨協大学客員教授・プレイジム代表）のお話をうかがう機会がありました。そこで「おぉぉう、なるほど!」と思うことがありました。私なりの理解になりますが、感覚過敏について認識が深まったことを3つ、書きます。

①感覚刺激の「意味」

1つ目は、感覚刺激の「量」ではなく、「意味」を考えることです。ヒロミチくんの姿を考えれば、このことはよくわかります。音の大きさはデシベル、音の高さはヘルツで客観的に測定できます。しかし、客観的な数値だけで聴覚過敏の程度はわかりません。音の大きさや高さ、音域だけでなく、本人がその音を「好き」「嫌い」といったように、どのような意味でとらえているのかが重要です。ヒロミチくんは大きな音は苦手です。でも、それ以上に、バンドの音楽が好きだったのでしょう。音が大きいかどうかだけではなく、それぞれの子どもにとっての音の意味を考える必要があります。そのことぬきに「この子は聴覚過敏だから」で済ませてしまった場合、子どもの世界を狭めてしまう恐れがあります。「苦手だけど好き」なのかも、と子ども心をとらえたとき、「静かにする」こと以外の実践が生まれる可能性があります。

②感覚と能動・受動

2つ目は、感覚を能動的に体験するか、受動的に体験するかの違いです。私たちは、音の大きさ、水の冷たさ、服の肌触りは「客観的に」存在すると感じてしまいがちです。音は誰が聞いても同じですし、水は誰が触っても水ですし、服の質感は誰が触っても同じです。しかし、たとえば、自分から能動的に触れる「音」と、他人に触れさせられる「音」は、客観的な音の程度や高さは同じだとしても意味が違います。その1つは予測可能かどうかです。テンプル・グランディンさんが指摘しているように、警報音は、突然鳴るため予想できません（グランディンほか、2014）。学校のチャイムは予想できますが、警報音は予想ができないため、自分ではコントロールできません。感覚の「主体」が自分かそうでないかによって感覚過敏の程度は大きく変わる可能性が

あります。そうであるとすれば、ピストルの音1つとっても、先生が鳴らすだけでなく、子ども自身が鳴らすように工夫してみたら……と、かかわりの発想が変わります。手を洗うときに自分から水を触るのはよくても、はねた水が腕につくのがダメだという自閉症スペクトラムの子どもの理解が可能になります。

③周囲の理解の大事さ

３つ目は、周囲の理解が感覚過敏に影響を与えることです。音が苦手な自閉症スペクトラムの幼児が、にぎやかな教室から逃げ出そうとしたときに、先生が「大丈夫、大丈夫」と言って落ち着かせようとすることがあります。でも、子どもにしてみれば全然大丈夫じゃないですよね。そもそも大丈夫かどうかは、子どもが決めることですから。まずは、子どもの苦手な思いに共感することです。「大きい音がイヤだったんだね。だからお外に来たんだね」と声をかけることから始まります。そして、「つらさをわかってもらえる」と子どもが感じるところから、子どもは感覚刺激に立ち向かう姿勢をつくり、さらに、そこから感覚の意味を変えていきます（赤木・岡村、２０１３）。

◈子どもの視点から感覚過敏の意味をとらえる

感覚過敏というと、生理的な問題であるがゆえに、固定的な特性だという印象があります。

そして、固定的に見た場合、「聴覚過敏にはイヤーマフをしたほうがよい」「視覚過敏には教室の掲示物などはすっきりしたほうがよい」と画一的な対応をとりがちです。もちろん、原則としては誤っていません。理解のないまま騒音のなかで子どもを過ごさせるよりはよほど適切な対応です。ただ、そこにとどまっていては、「苦手だけど好き」といった子どもの繊細な思いやねがいを見逃すことになります。

これまで見てきたように、感覚過敏の子どもは、いつも感覚過敏な子どもではありません。自閉症スペクトラムのある子どもたちが「不快刺激にあふれた環境」のなかにいることを理解しつつ、しかし、そのなかで、不快刺激からふっと解放されていく、その瞬間を見逃さないようにしたいものです。そして、その瞬間を見つめることから、新たな教育の糸口が立ち上がってきます。

〈引用文献〉

赤木和重・岡村由紀子（２０１３）『「気になる子」と言わない保育』ひとなる書房
別府　哲・奥住秀之・小渕隆司（２００５）『自閉症スペクトラムの発達と理解』全障研出版部
小道モコ（２００９）『あたし研究：自閉症スペクトラム：小道モコの場合』クリエイツかもがわ
森　則夫・杉山登志郎・岩田泰秀（２０１４）『臨床家のためのＤＳＭ－５虎の巻』日本評論社
テンプル・グランディンほか（２０１４）『自閉症の脳を読み解く：どのように考え、感じているのか』ＮＨＫ出版

コラム 2

学校に「遊び心」を

大学に勤めつつ、非常勤で巡回相談の仕事をしています。保育園や小学校、特別支援学校、作業所などに行きます。どこに行ってもアドバイスには悩みます。でも、子どもたちと出会えるのはとても楽しく、大好きな仕事の1つです。

ある保育園に行ったときのこと。4歳の男の子が近づいてきて、なぜか私の体をクンクンとかぎまくります。その後、「あぁ、いいにおい」と一言。……そ、そ、それは★加齢臭★なのでは？　と思いますが、そういう子どもとは不思議と仲良くなれます。

さて、こんな感じで巡回相談を行っているのですが、そのなかで1つ気になることがあります。それは、実践者側に「遊び心」が少なくなっていること。特に学校現場で強く感じます。「遊び心」をあえて定義すると、「『正しさ』と距離をおき、逸脱や失敗、悪ふざけを楽しもうとする心」といってよいでしょう。たとえば、給食のとき、子どもと牛乳一気飲み対決をする先生、学級目標に「適当」を掲げる先生。その質はさまざまですが、一見すると、ちゃんと教えているのか疑わしくなる行為です。どう考えても一気飲み対決をした結果、子どもに何らかの役に立つ能力がつくとはとても思えません。

……なのですが、こういう「遊び心」のある先生がいることは大事です（全員だと大変なことになりますが）。生真面目な先生だけが集まると、教育指導はどんどん必要以上に精緻化し、子どもと教師を追いつめることになりかねません。「正しさ」とは少し距離をおいた先生がいることで、学校が、過剰精緻化スパイラルから解放されます。

それに、教育効果もあるかもしれません（ないかもしれません）。牛乳対決に勝利した先生は子どもからリスペクトされるかもしれませんし、「適当」で救われる子どももいるかもしれません。

「遊び心」あふれる先生がいなくなったのは、なぜでしょう？　教師どうしの飲み会では、はしゃげる先生が、教室で「遊び心」を出せないのはなぜだろう？　……モヤモヤしています。

第2部

自閉症スペクトラムの子どもを教える・育てる

自閉症スペクトラムの子どもに、どう教えたらよいか、どのように育てるべきか……。とても悩ましい問題です。悩むがゆえに、「こうすればよい！」という答えがほしいところです。しかし、そこをぐっとこらえて、第2部では、「何を大事にして教えたら・育てたらいいのか」という、教育・子育ての根っこのところを一緒に考えます。

遠回りなようですが、案外、遠回りすることで、教育・子育てのヒントが見えてくるものです。「ほめる」「教える」「ともに学ぶ」「問題行動への対応」といった身近なテーマをもとにお話しします。

第5章 ほめる

◆ほめれば自己肯定感がアップ!?

最近、障害のある子どもに対して「ほめることが大事です。ほめれば自己肯定感があがります」とよく主張されます。たとえば、ある小児科の先生は、自閉症スペクトラムの子どもを「ほめる」ことについて次のように書かれています（平岩、２０１２）。

ほめることはどれほど大切なのでしょうか。ほめられたことがわかればセルフ・エスティームが上昇し、やる気が出てきます。他方、ほめられなかった（強化されなかった）行動は、しばしば次のときには実行できません。（中略）ほめるためのポイントは、できて当たり前だと考えないことです。たとえば、列に並ばないときに注意するのであれば、並んだときにはほめます。（P125－126）

誰しもほめられると気分がよいものです。だからこそ、この本の著者が言うように、ほめられるとセルフ・エスティーム（自己肯定感や自尊心）は高まるように思います。また、ほめるポイントは「よい」行動をしたときであるとのこと。確かにほめられた行動は、もう1回やりたくなります。さらに著者は、ほめることが子どもに不自然だと思われそうなときは、直接ほめるのではなく、お手伝いを頼んで「ありがとう」と言うようにもっていけばよいと提案しています。このように手を変え品を変えてでも、ほめることは大事だと指摘しています。

私も、ほめることはとっても大事だと思います。特に自閉症スペクトラムのある子どもにとっては、どれだけほめてもほめすぎだということはありません。その重要性は、彼らが生きてきた歴史を考えれば、一層はっきりします。

中学生のタツアキくん（高機能自閉症スペクトラム）は、声と身体を協力させることが苦手です。ラジオ体操を習っていたときのこと。タツアキくんは、一生懸命に取り組むのですが、「イチ、ニ、サン！」と大きな声を出すと、身体の動作を忘れてしまいます。すると「なにやってんねん！」と先生に怒られます。そこで、身体の動作を意識すると、今度は声を出すのを忘れてしまいます。先生にしてみれば「なぜこんな簡単なことができないんだ……」という思いだったのでしょう。だから、「タツアキ！　真剣にやってんのか!!」と一喝します。まわりの生徒はその様子を見て笑います。しかし、何度がんばってもタツアキくんはできません。最後に先生は「もうおまえは……（なにをやってんねん）」という怒りを通りこした失望を表現します。

タツアキくんのように、その障害ゆえに「なんでこんな簡単なこともできへんねん」という失望と軽蔑のまなざしを受けてきた自閉症スペクトラムの子どもたちがたくさんいます。だからこそ、ほめることは大事です。

◈でもでも……

一方で「ほめれば自己肯定感があがる」という主張に、私は違和感をもっていました。「なんか違うなぁ」と思うのです。その違和感を一言で言えば「ほんまは、子どもの行動を『すごい』と思ってないやろ」というツッコミです。「ほめれば自己肯定感があがる」という主張の多くは、「ほめる」ことを、子どもの行動や気持ちを強化する手段として使っています。

しかし、そもそも「ほめる」という行為は子どもをコントロールする手段なのでしょうか。そういうレベルの低い、品のない行為なのでしょうか。「ほめれば行動強化、ほめれば自己肯定感アップ」という主張に、半ば賛同しつつも違和感を覚えるのです。そんなに子どもは単純ではない、と思うのです。

◈そもそも「ほめる」って?

じゃあ「あなたはほめることをどう考えてるの?」とツッコミがすぐさまきそうです。実はといいますか、残念ながら、自分でもどう考えていいのかよくわからなかったのです。モヤモヤが続いていたところ、ゼミで学生が岡本夏木さんの本を紹介しました(岡本、2005)。幼児のしつけについて書かれた箇所に、目がひきつけられ、自分のモヤモヤが一気に晴れました。

岡本さんは「賞罰によって飼いならされ、親に服従してその言いなりになってゆくのがしつけの過程だとしたら、幼児期はまさに子どもがおとなに敗北してゆく屈辱の歴史に他ならないでしょう」と賞罰によるしつけを厳しく批判します。そのうえで次のように述べます。

「早起きはつらいけれど、自分はできるのだ」、「お手伝いすることでオ母サンを助けるのだ」、「相手が叩きに来ても自分は叩かない」、「遊びに行きたいけれど、弟の守りをしてやるのだ」……。子どもがよいことをした時、人間的な親(先生)は、それを形式的に「ほめる」よりも、自分自身が「喜び」ます。親(先生)が自分の行為を喜んでくれること、これほどうれしいことはありません。そして「自分はオ母サン(先生)を喜ばすことができる人間なのだ」という子どもなりの自覚、これこそが、しつけから脱け出し自らの自立性をうちたてゆく、もっとも大きな拠りどころとなるものなのです。（P51）

◈ほめるとは子どもの姿に感動すること

岡本さんの文章に、ほめることの原点を学ぶことができます。ほめるとは、子どもの姿に感動することなのです。私たちは、子どもとかかわるなかで「こんなことができるなんてスゴイ！」「その発想、ワンダフル！」「ホントは謝りたかったんだね、気づかなくてゴメンね」と子どもの姿に心の底から感動することがあります。そして、感動したとき、大喜びします。我がことのように大喜びします。子どもをほったらかしにするぐらい大喜びします。子どもを直接的にはほめていません。でも、これこそが最高のほめ言葉だと思うのです。自分が表現したことを、大人が本気で喜んでくれる。子どもにとってこれほどうれしいことはありません。だからこそ、子どもは本気で、「自分がいい」と思えます。自分に自信をもつことにつながっていきます。

◈感動するためには……

子どもの姿に感動する。そのためには何が求められるのでしょうか。

1つは、子どもに学ぶ姿勢です。子どもは私たちがもっている価値観をはるかに超える豊かな存在です。子どもを教え込む対象として見ている限り、たとえそれが善意であったとしても、子どもの姿から感動することは少なくなるでしょう。

もう1つは、発達や障害の知識、その子の生活の歴史を学ぶことです。たとえば、イラスト1を見てください。発達検査でよく用いられる「はめ板」課題です。1歳半ばの子どもが、「え～っと、この円板はこっちじゃなくて、あっちかなぁ」と「～ではない～だ」と試行錯誤している様子です。私たちはこの姿を見て「すごいぃぃぃ！」と思います。それまでには見られなかった新たな発達を創造する姿に感動するからです。しかし、こうして感動できるのは、私たちが「一次元可逆操作」や「～ではない～だ」といった発達の知識を学んでいるからです。もし、学んでいなければ、「あ、できた」だけで終わっていたかもしれません。もしくは、「お手つきなしでできるようになるにはどう教えたらいいかしら」と、「さらなる」教え方を考えていたかもしれません。

イラスト1　はめ板

自閉症スペクトラムの理解についても同じことが言えます。ある特別支援学校で、積み木を使って、ドミノ倒しに取り組む授業が行われていまし

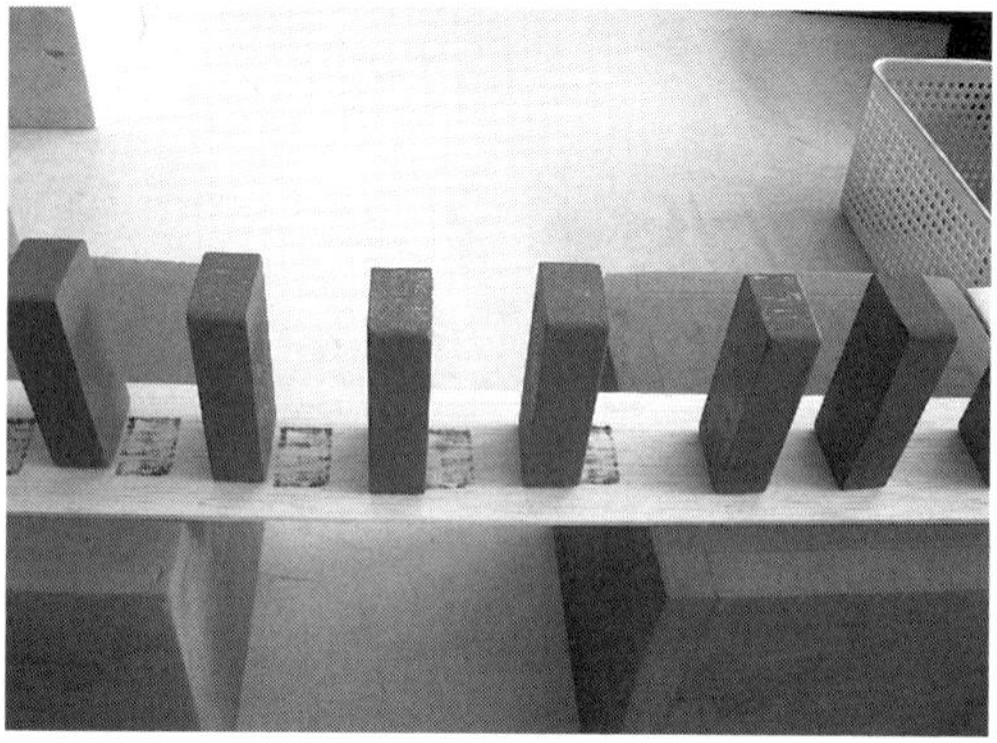
写真１　ドミノ倒し

た。積み木をどこに置けばいいかわかるように、マジックでマークが書かれていました。自閉症スペクトラムのリョウタくんは、そのマークに合わせて積み木を置いていきます。ところが、何度か繰り返したあと、「あえて」マークではないところに積み木を置きはじめたのです（写真１）。これってすごいですよね！

自閉症スペクトラムの子どもは、視覚優位という特性をもっています。そのため、写真や具体物を用いた視覚支援が重視されます。確かにその通りですが、言い方を変えれば、視覚にひきずられている側面があるとも言えます。リョウタくんのマークをあえてずらして積み木を置いた行動は、このような「目で見たものにひきずられている」障害特性から自由になっていく姿ととれます。

ただ、このような障害の知識を知らなければ、なんてことなく見過ごしてしまう行動です。もっと言えば、「〇〇ちゃん、マークからずれてるでしょ、ちゃんと線の上に置きなさい」というような全く逆の指導もありそうです。

◈保育・教育の原点

保育・教育の原点は、子どもの姿に感動することです。私たちが、発達や障害を学ぶのは、子どもを手際よくコントロールするためではありません。そうではなく、瞬間瞬間に見せる子どもの発達の息吹をとらえ、感動するためです。そして、遠回りなようですが、その感動のなかにこそ、教育の糸口が立ち上がってきます。

保護者とつながるときも同じです。「お母さん、子どもをしっかりほめてあげましょうね。そうすれば自己肯定感があがりますから」だけで終わるのではなく、「お母さん、○○ちゃんのこんなとこ、すごいよねぇ。何がすごいかというと……。すごいよねぇ」とほめたくなるような子どもの姿を発見し、保護者と共有したいですね。

〈引用文献〉
平岩幹男（２０１２）『自閉症スペクトラム障害：療育と対応を考える』岩波新書
岡本夏木（２００５）『幼児期：子どもは世界をどうつかむか』岩波新書

第6章

「教える」行為は誰のもの？

◈「障害児を教える」ことのインフレ

この10年で障害関係の本が増えました。本屋さんに行くと、特別支援教育や発達障害だけで1つのコーナーができるほどの盛況ぶりです。障害のある子の教育に関心が高まっている表れであり、このこと自体は、とても歓迎すべきことです。

しかし、その一方で気になることがあります。「いかに教えるか」という本が多いことです。「障害のある子どもをのばすスーパー保育」、「こうすれば『子どもができる！』すご技テクニック99」（どちらも仮称）など、障害児をどのように教えるか、どのようにできるようにさせるかという視点からの本があふれています。障害児を教えることのインフレといってもよい事態です。

でもこれは、裏を返せば、障害のある子どもは「教えられる対象」として見なされていることを意味しています。

とでもあります。こう書くと、「障害児に対して１つ１つ丁寧に教えることは、当たり前やん！」「障害のある子どもはできないことが多いのだから、どう教えるかを考えることは重要でしょ！」とツッコミが入りそうです。でも本当に「当たり前」と言いきってよいのでしょうか。

本章では、障害児は「教えられる」存在だけではないということについて、発達研究や教育実践の成果に学びながら、一緒に考えます。

◈人類おせっかい仮説

障害のある子ども自身が教えることの重要性は、１９７０年代前半、すでに、田中昌人さんが次のように指摘しています（田中、１９７４／２００６）。

障害児のばあい、障害があるだけでなく、人に教えるという機会が奪われて「人に教えたことのない子ども」にされています。夕方、散歩をしながら指さして教える機会すら激減しています。そのために発達への「永久歯」が生えないような状態にさせられている場合が多いのです。それでいて、〈中略〉やみくもにつめこまれたのではたまったものではありません。（復刻版　Ｐ１１６―１１７）

このような指摘がすでになされていたにもかかわらず、子どもの「教える」行動に関する発達研究は、世界的に見ても長い間、行われてきませんでした。2000年代に入ってはじめて、教える行為の発達過程が徐々に明らかになってきました。

その結果、子どもは、思ったよりも早い時期から教えはじめることがわかりました。障害のない子の場合、簡単な内容であれば、1歳後半ころから教えることが明らかになりました。私が行った研究を紹介しましょう（赤木、2004）。第5章でもふれた「はめ板」を用いた実験です。実験といっても、そう複雑なものではありません。子どもの前で、私がはめ板に取り組んで見せるだけです。ただし、円板を、四角の孔に入れようとします。当然、円板は入りません。そのときの子どもの反応を観察します。すると、イラスト1のように、1歳後半から円孔を指さし、かつ、私を見るようになりました。2歳をすぎれば「チャウ、ココ」と言葉で教えてくれます。さらには、私が円板をなんとか円孔に入れると「ジョ

イラスト1　はめ板を用いた実験

ウジュ」と拍手してくれる子どももいました。ほめ育てをしてくれるのです。なんと素敵な教え方でしょう！

子どもが教える行為のすごさは、チンパンジーを見ると、よくわかります。チンパンジーは、数字の順序を理解できたり、高い記憶力をもっていたりします。しかし、それでも、子どもに教えることは一切ありません。たとえば、子どもがナッツ割りができなくて困っていても、親は子どもにやり方を直接教えることはありません。

一方、ヒトは、生まれつきと言いたくなるくらい教えたがりな生き物です。ときには教えすぎて反省してしまうほど教えたがりな生き物です。だからこそ、文化を急速な勢いで発展させることができました。木下孝司さんは、このヒト特有ともいえる教える行為に注目して、「人類おせっかい仮説」を提唱しています（木下、２０１０）。ヒトは、他の動物と比較して教えたがりな生き物なのです。

障害のある子ども、とくに自閉症スペクトラムの子どもにおいても、教える行為が見られることがわかっています。障害のない子どもに比べると発達的には遅れて見られますし、個人差は多少ありますが、自閉症スペクトラムのある幼児や青年においても、同じように「はめ板」を用いた実験において、教える姿が見られることがわかってきています（Akagi, 2012）。

◈障害のある子どもが教える

障害のある子どもの保育・教育実践においては、子どもが教える行為をどう取り上げてきたのでしょうか。そのヒントは近江学園の実践にあります（田中、２００７）。１９６９年度の生産班の実践から学びましょう。生産班では結び織りという作業を軸にした実践が行われていました。結び織りとは、余った糸などを結び合わせて織り、マットなどを創る仕事です。職員集団が、この作業を取り入れたのは、さまざまな役割に分けることが可能で、かつ、知的に重度の子どもにおいても、参加可能なことが多く、子どもたちどうしで、教えあいも含めたさまざまなやりとりが生まれることを期待してのことです。

とはいえ、そう単純にはいきません。ひろこさんが芯通しができなくて困っていたので、職員は、くにお君に、ひろこさんに教えるように伝えます。ところが、くにお君は、教えることを拒否。理由を尋ねると、「ぼく、よう教えんもん」とのこと。職員がさらに理由を尋ねると、ひろこさんのどこを見て、何を教えればいいのかわからなかったと話します。このやりとりから、職員は「受け身的に教えられているだけでは、教えるということの意味やポイントがつかみにくくなっている場合があるというが、くにお君の場合はどうだろうか」（Ｐ１７３）と問い直します。結び織り活動が共同的なものになっていないことに気づきます。

このような課題はあったものの、それぞれが自分の役割をもち、自信を深めるなかで、相手のことが徐々に見えてくるようになります。発達的に5、6歳にあるみえこさんは、「きみえさん、今日は何をする？　結ぶか？」とか「きみえさん、毛糸巻きしようか。これ持って」と、自分より障害の重い友だちに合った見通しや段取りを考えるようになります。また、教えられる子どもたちも、教えられ、かつ、あこがれるなかで、作業に積極的に参加する様子が綴られています。

職員は、これらの実践を通して、子どもたちは教えることによって、他者を知り、かつ、自分自身を教えることにつながることに気づきます。そして、教えることの喜びは、これまでには味わえなかった感情だったであろうとまとめています。

本当にその通りだと思います。田中昌人さんも問題提起をしていますが、人は教えられるばかりでなく、教えるなかで、内面を豊かにしていくのです。

そのうえで、付言すれば、この実践の意味は、障害の程度にかかわらず、自分の役割が明確にあること（自分の持ち場）、共同しなければ作品は完成しないこと（教えあう必然性）、友だちどうしをつなぐ職員の意図的かかわり（間接的指導）が、明確な教育目標のもとに展開されていたことが、子どもたちの教える行為を引き出していたと考えられます。

◈教えられながら教える

しかし、「発達的に相対的に高い子どもが、重度の子どもを教えることが多いのではないか」

という疑問をもたれる方もいるかと思います。確かに、発達的に高い子どものほうが「教え役」として固定化しやすい傾向にあります。これでは、逆に、子どもの発達が阻害されてしまいかねません。悩ましい問題です。

この問題について、ヒントを与えてくれたのも、近江学園でした。正確には、２０１４年の夏、全国障害者問題研究会全国大会の文化行事に出演された横川豊隆さんの姿から学ぶことができました。横川さんは近江学園出身の65歳の方で、知的障害があります。文化行事では、63歳で「一人暮らしをしたい」と希望し、実際に一人で暮らしている様子が、写真や寸劇を交えて紹介されました。一人暮らしをしたいと堂々と要求できる横川さんや、「自由に失敗できるのが、一人暮らしの醍醐味だ」として、一人暮らしを応援する周囲の方の姿勢に、感動を覚えました。

そして、今回のテーマでもある「教える」についても大きなヒントをもらいました。横川さんは、今、高齢者施設で、清掃のほかに、麻雀を高齢者の方とする仕事をしておられます。施設長から、「横川さん、麻雀を覚えたら、その時間も仕事にするよ」と言われて、麻雀を仕事として取り組むようになりました。「その日は麻雀があるから、16時まで仕事や」などと横川さん自身も、遊びではなく仕事として取り組んでおられます。

そして、その麻雀の仕方が興味深いのです。高齢者に教えるのではなく、高齢者から教えられる仕事の仕方をされるのです。高齢者に教えてもらい、高齢者の方から「横川さんは、上手になったねぇ」と言ってもらいながら、お仕事をされています。横川さんはやり方をわからないために、高齢者の方は一生懸命教えます。結果、横川さんが麻雀に勝ったら、高齢者は大喜びされるのです。横川さんと麻雀をしたら高齢者が元気になるのです。とてもいい仕事をされますね。高齢者の方もきっと生き生きとされていたことでしょう。そして、横川さんも、共に麻雀をしながら、楽しんでいる様子が、ステージから伝わってきました。

横川さんは、高齢者に教えられています。しかし、その一方で、高齢者の教える行為を引き出してもいます。つまり、教えているのです。いわば、「教えられながら教える」行為です（もっとも横川さんはそのような自覚というより、仕事として一緒に高齢者の方と麻雀をするという意識でしょう）。横川さんは、麻雀ではできないことが多いかもしれません。しかし、「教えられる」という立場をとることで、高齢者のもっている力を引き出しています。決して、発達的に低い立場の方が、一方的に教えられるばかりではありません。

◎教える行為は誰のもの？

発達研究や教育・福祉実践から、私たちは「教える」ことについていくつかのことを学ぶことができます。

１つ目は、教育の大前提を考えなおすことの大切さです。「いかに子どもを教え、能力を伸ばすか」という問いをもっている限り、本当の意味で、子どもの主体性を引き出すことはできません。そうではなく、「子どもが潜在的にもっている教える力をいかに引き出すか」という点から、集団づくりや教育課題を考えることが重要です。

２つ目は、その集団のなかで、発達や能力の低い子どもは教えることができないという常識を取り去ることです。私たちは、「発達や能力の高いものが教える立場に立つ」という観念に縛られています。しかし、横川さんのように発達的に高いとはいえなくても、他人の知識や技術、さらには意欲を引き出すことも十分に可能です。常識をいったん脇に置くと、新たな実践の展開が考えられるはずです。

教える行為は、情報処理に長けた人だけの専売特許ではありません。そうではなく、障害の有無にかかわらずすべての人にひらかれた行為です。

◈他人を教えることはできない

ロシアの教育・心理学者であるヴィゴツキー（１９２６／２００５）は、「厳密にいえば、科学的観点に立てば、他人を教育することはできません」（Ｐ25）と述べます。もちろん、ヴィゴツキーは、教育の営み自体を否定しているのではありません。そうではなく、直接的に、子どもを教え込んで、むき出しの形で子どもを変えようとすることに警鐘を鳴らしているのです。「他人を教育できない」とは、なんとも刺激的な文章です。「それは言い過ぎ！」と言いたくなります。でも、ヴィゴツキーは、「厳密」に、また「科学的」に断言しているのです。そのことの意味を、私たちはあらためて今、考えたいものです。

〈引用文献〉

赤木和重（２００４）「1歳児は教えることができるか」『発達心理学研究』15、３６６－３７５ページ
Akagi（2012）Development of teaching behavior in typical developing children and children with autism spectrum disorder.『CARLS series of advanced study of logic and sensibility』5,425-435.
木下孝司（２０１０）『子どもの発達に共感するとき：保育・障害児教育に学ぶ』全障研出版部
田中昌人（１９７４／２００６）『講座発達保障への道③　発達をめぐる二つの道』全障研出版部
田中昌人監修（２００７）『近江学園の実践記録　要求で育ちあう子ら：発達保障の芽生え』大月書店
ヴィゴツキー（柴田義松・宮坂琇子訳）（１９２６／２００５）『教育心理学講義』新読書社

＊ちなみに……横川さんの現在の暮らしの様子は、「みんなのねがい」２０１８年3月号、「くらしの楽しみ」というコーナーで紹介されています。なんと、１人で新幹線にも乗り、ディズニーランドにも泊まりで行かれています。楽しんで暮らしている様子が伝わってきます。ぜひお読みください。

コラム3

共感とは、相手と同じ温度のお風呂に入ること

岡田斗司夫さんが書いた『オタクの息子に悩んでます』（幻冬舎新書、2012）を読みました。朝日新聞土曜別刷「Be」で連載されていた「悩みのるつぼ」という人生相談コーナーをまとめた本。とにかくもうおもしろかったです。

「父親が嫌い」といった家庭内の問題から、「アイドルと結婚したい」といった恋愛に関する悩み、さらには「部下がツイッターで悪口を言ってる」という職場に関する悩みなど、ありとあらゆる相談に対し、岡田さんがあっと驚く切り口から回答し、最後は読者を本質に連れていきます。

とくに目からウロコだったのが、相談の基本について岡田さんが述べたところです。彼は「相談の基本は共感。共感とは、相手と同じ温度のお風呂に入ること」と言い切ります。

私たちは、悩みを聞くと、役に立とうとするあまり「こうしたら解決できる」とついつい解決策をポンポンと提示しがちです。もしくは自分の枠内におさまりきらない悩みだと「なにをそんなばかなこと言ってんの！」と一蹴したりもします。「アイドルと結婚したい」という悩みが出た日にゃあ、「はぁ？ 目を覚ましなさい！」と言いたくなります。

岡田さんは違います。「どんな内容であれ、相手が悩んでいることは事実。だから、まずは

その悩みを知ろう」と言います。悩みを知るには、同じお風呂に入ることが一番だと。一緒のお風呂に入ることではじめて、その悩みが「ぬるいと感じて寒い」ものなのか「熱すぎて痛い」ものなのかを具体的に知ることができるのだと言います。そして、同じお風呂に入ってこそ、相談者に届く言葉が生まれるのだと。

本書を読んでいて、兵庫県の特別支援学校で長く教えられてきた三木裕和さん（現・鳥取大学）の10年以上前の話を思い出しました。三木さんは、「重症児と同じ部屋にいるとき、部屋の温度が一度変わっただけでもわかる」と話されていました。三木さんは皮膚過敏なのか！と一瞬思ったのですが、そういうことではないですよね。重症児の身になっていたからこそ、つまり、子どもたちと一緒のお風呂に入っていたからこそ、彼らにとって文字通り生命線ともいえる温度の違いを意味あるものとして感じられたのだと思います。

昨今、「早く答えを出す」「問題行動をたちまち解決する」ことが優秀な専門職だと思われているふしがあります。そのことを否定するつもりはありません。でも、同じお風呂に入らないで出す答えは、子どもにとっての答えや解決になっていないことも多い気がします。子どもと同じお風呂に入りながら、子どもとともに意味のある解決策を考えることが、このご時世にこそ求められているのではないでしょうか。

第7章

チンコスコウ
「問題行動」が個性に変わるとき

◈会いに行きたくなる実践

とっても素敵な実践記録を読みました。いてもたってもいられず、実践者と子どもに会いに行きたくなるほどでした。そして、実際に会いに行き、実践者のお話をうかがうことができました。社会福祉法人名古屋キリスト教社会館に勤めておられる荒川まゆ先生の放課後等デイサービスでの実践です。荒川先生の実践記録（全国障害者問題研究会第47回大会）および聞き取りをもとに紹介します。

◈UFJチンコウ

自閉症スペクトラムがあるトモヒロくんが主人公です。トモヒロくんは、小学校5年生で特別支援学級に通っています。高機能自閉症スペクトラムと診断されています。トモヒロくんは、人とかかわることが好きな憎めない男の子です。一方、マイルールを自分だけでなく他者に求めることが多く、そのことでトラブルになることもありました。たとえば、「人の話を聞くときは正座」というルールを、他の子どもにも要求することがありました。

トモヒロくんは、5年生から、あるテレビ番組をきっかけに、「チンコ」と言うことにはまりました。「チンコ」という言葉そのものよりは、「チンコップください」「UFJチンコウ」などなど、バリエーションをつけて言うことにはまりました。TPOをわきまえて言うのであれば、大きな問題はありません。しかし、トモヒロくんの場合、いつでもどこでも、チンコネタを言います。外で大声で言ったり、おやつの時間にも言います。友だちにもどんどん言います。

「チンコ」なる言葉が出てきた背景について、先生方は、自分の体の変化や異性への関心なども関係しているのではないかと考えました。このような背景をおさえつつ実践を進める必要もある一方、現実問題としては、チンコネタを連呼する彼の行動に対して、何らかの対応をする必要もありました。

先生方は、最初は「トモヒロくん、今は言わないで」と注意します。しかし、トモヒロくん、その場ではおさまるものの、すぐに繰り返します。そして、先生が見ていないところで、友だちに、そのチンコネタを披露します。トモヒロくんに影響を受けて、お家に帰って披露する友だちも出てくるほどのインパクトでした。

◈何度注意しても言い続ける

自閉症スペクトラムを含めた発達障害のある子どもの場合、「何度注意しても言うのをやめない」という姿は、しばしば見られます。関心のあることや気になったことは、その障害特性も関係して言わずにはいられなくなるのでしょう。

先生が何度注意してもチンコネタを言い続けるトモヒロくんでしたが、別の先生の一言をきっかけに実践が動きはじめました。ほかの先生は、直接の担当ではないため、別の視点から彼を見ることができます。スタッフで雑談しているときに、ほかの先生が、「ほんとに、チンコネタ言っているとき、トモヒロくん、うれしそうだね」とぽつりと話しました。そのことをきっかけに、「確かに、うれしそうだ」となって、注意をせずに様子を見てみたとのことです。子どもの視点から見れば、「楽しそう」なのは紛れもない事実ですよね。

先生が注意をしないでいると、トモヒロくん、「こんな機会はない」とばかりに、チンコネタを得意気に連発したそうです。

その生き生きした姿を見て、先生方は考え方を変えました。「言いたい気持ちを抑えるのではなく、別の形で表現できるものはなにか」と方針を変えました。

先生方は、トモヒロくんの「書く」ことに注目しました。大人の話を速記者のように写すほど書くことが好きでした。そこで、先生は「トモヒロくんの大事なネタだからさ。先生、忘れないように書きとめておくわ」と伝えました。さらに、大きな声を出したときには、「大事なネタを人に聞かれて、パクられるといけないから、小さい声で教えて」と伝え、一緒に部屋の隅に移動します。

注意されることが少なくなるわけですから、ネタはどんどん出てきます。書くのが追いつかないくらい出てきます。そこで、「書ききれないわ。トモヒロくん、書いてみてよ」と伝えると、「そうする！」と、ネタを言いながら、書きとめはじめました。

さらに、ノートの表紙に㊙と書いた『下ネタ帳』を先生が準備すると、トモヒロくんは「それはいいね！」と大喜び。思いついたネタを言ったときは、先生方は「下ネタ帳に書いておいで」と伝えます。さらに、トモヒロくんがどうしても言いたくなったときは、「先生に言ってね」「おやつのときは言わないでね」と伝えます。ちょっとそれはさすがに……というネタの場合は「それはおもしろくない」という形で返しました。

◆やるかやられるか

さらに、実践は膨らみます。あまりに楽しそうなトモヒロくんの様子や、発想豊かなチンコネタを見て、どうせなら一緒にネタづくりをしてみようと、先生もチンコネタを考えることにしたそうです。「先生も考えたんだけど、こんなのどう？」と提案すると、「うーん……」といまひとつな反応の時もあれば、「それは、おもしろいね！」と、トモヒロくんがほめてくれる時もありました。「やるかやられるか」と感じてしまうほど真剣勝負だったそうです。トモヒロくんが認めてくれたネタは、下ネタ帳に書き加えられました。

後日、トモヒロくんが学校や家で言いたくなった時、「このネタは（デイサービスで）言う！」「デイサービスに行って書くから（言うことを）我慢する」と言うようになりました。

◈学んだこと

どうしても「チンコ」というインパクトのある言葉に引っぱられがちになりますが、そこを超えて、この実践から学んだことを4つ書きます。

①子どもをよく見る

この実践の大きな転換点は、注意するのをやめ、子どもをよく見たところにあります。問題とされる行動を見ると、「枠をつくる」という名のもとに、止めたり、制限をかける指導がよく行われます。たとえば、「おやつの時間はチンコネタを言わないこと」や「チンコネタは休憩室でのみ言ってよし」「今日は10回までにする」などです。

しかし、先生方は、トモヒロくんの様子を見ました。そのことで、「トモヒロくんは本当に好きなんだ」と心の底から実感しました。その実感があるからこそ、「チンコネタ→ダメ→制限する」という固定観念から抜け出て、「ほんとに好きなんだから、止めるのではなく、別の形で表現するほうがいいのでは？」という問いが可能になったのだと思います。

学校の先生と継続的に開いているある研究会のなかで、「見る」ことが話題になりました。その先生は、はじめてクラスをもつことになった4月の授業で、子どもたちに「なにしてもいいよ～」と言って、ボーッとするそうです。そして、ボーッとしているふりをしながら、子どもの様子をチラチラしっかり見るとのこと。すると、ある子どもは、算数のプリントを熱心に取り組みはじめます。すると先生は、「この子は○○は結構できるし、好きなんだな」とわかり、そこから授業を組み立てようと考えます。別の子どもは、まったく勉強をしません。そこで、先生は「もしかすると勉強に苦手意識があるのかもしれない。慎重に始めよう」と考えるそうです。

もっとも、よく見ることは、「何もしないで見る」ことだけに限られるものではありません。かかわりながらでも見ることが可能です。その好例は、本実践の「別な表現として書くことに注目しよう」とした箇所にあります。普段から、彼の好きなものや活動を注意して見ているからこそ、「書く」行為を取り入れようと思えたのでしょう。もし、そのこと抜きに「静かにさせるためには書かせればいいだろう」という大人の論理だけで進めていれば、彼はノートに書くことはなかったでしょう。

②その気にさせる

さらに、「書く」必然性の伝え方が秀逸です。通常は「言いたくなったらこのノートに書きましょう」とストレートに伝えがちです。でも、そうではありません。「ネタがパクられるといけないから……」と伝えます。さらに、㊙と書かれた下ネタ帳が用意されています。

これらのかかわりに通じるのは、子どもをその気にさせていることです。マジックで「㊙」と書かれた武骨な下ネタ帳。もう、考えるだけで心がくすぐられます。それに、小さい声で言う理由も、子どもにとっては必然性があり、「そうそう、小さい声で言わないと……」と思うでしょう。

もちろん、この通りにすればうまくいくという意味ではありません。個々の子どもの「ツボ」はそれぞれ違いますから。大事なのは、子どもをその気にさせる遊び心のある発想です。

③子どもと本気で楽しむ

さらに実践は予想外の方向に進みます。なんと、子どもと一緒にチンコネタを楽しむという境地に行きつきます。その原点は、先生が「注意するのに笑っちゃう」という中途半端な自分に気づいたところにあるそうです。確かに「UFJチンコウ」などと言われると、プッとしちゃいますよね。そして一緒にやってみるとおもしろい！　そして難しい。トモヒロくんにダメ出しされることもしばしばあり、お互いに「やるか、やられるか」「先生と子どもという関係を忘れる」くらい真剣勝負だったそうです。だからこそ、お互いに「それいいね！」となったときは、走り回って喜びあったそうです。

真剣勝負の楽しさを共有する、そんな対等的な共感関係があるからこそ、トモヒロくんは、スタッフやデイサービスに深い安心を感じ、かつ、ここでだけ言おうと、自分の思いをコントロールする力をつけていったのです。

④手持ちの能力の全面的開花——特性から個性へ

トモヒロくんの実践、大好きです。子どもを見る・かかわる視点に共感するからです。子どものもっている能力や関心を「今はダメ」と制限するところから入っていません。むしろ積極的・全面的に開花させる方向に実践が展開しています。「そんなこと言っちゃだめ」ではなく、「それいいね！」と共感し、自らも一緒にマジで楽しみます。能力や関心の全面的開花を経由するからこそ、自分の気持ちをコントロールできるようになっていく筋道がよくわかります。この弁証法的プロセスに、子どもが自律的な主体者となっていく姿を学ぶことができます。そして、この全面的開花のあとに残るのは、「障害特性」ではなく「個性」と呼ぶにふさわしい子どもの姿です（窪島、２０１３）。

デイサービスに勤める先生がもうすぐ出産ということで、みんなで手紙を書くことになりました。トモヒロくんは悩んで悩んで、折り紙でちょうちんを作って渡したとのこと。「赤ちゃんは男の子だし、手に持って遊べるから」という理由。そして、裏には「チョウチンコ」の文字。自分の関心だけを伝えるのではなく、自分の関心がありながらも、まだ見ぬ他者を思っての贈り物です。やさしく、そして、彼にしかできない個性豊かな贈り物です。贈り物の背景に、デイサービスでの実践の積み重ねがあることは想像に難くありません。

後日談。トモヒロくんは、沖縄の名産「ちんすこう」のパロディになる「チンコスコウ」というお菓子を見つけ、「ボクと同じことを考えている人がいる！」と大喜びしたそうです。意外に同志は多いのかもしれませんね。

〈引用文献〉

窪島務（２０１３）「アセスメントと教育学的発達論的指導の階層論的関係に関する方法論的問題」『ＳＮＥジャーナル』19、６‐20ページ

第８章

特別あつかい

インクルーシブ教育を考える

◆「なんで〇〇ちゃんだけ」

小学校・特別支援学級担任のハジム先生と話していたときのこと。「全校集会のときに、自閉症スペクトラムのある1年生の子がどうしてもじっとできないんです。だから、その子の好きな電車を用意して、なんとかその場にいられるようにしています」と言われました。

なるほど、無理に座らせるわけではなく、子どもの特徴に応じた指導をされているのですね。フムフム。ところが、ハジム先生は続けます。「でも……他の1年生の子どもが『なんで〇〇ちゃんだけ～』と言いそうで……。それに他の先生の視線が『もう甘やかせて～』と言っているようで、このような指導が果たしていいのか悩んでいます」とのこと。

現在、インクルーシブ教育が注目されています。インクルーシブ教育とは、障害のある子どももなど社会、文化的に不利を被っている子どもたちを排除せず、包摂する教育のことをさします。インクルーシブ教育を進めるうえでも、障害のある子とない子が共に楽しく学べるあり方を考えることは大事です。しかし、共に学ぶからこそ悩ましい問題も生まれます。その1つが「特別あつかい」問題です。ここでいう「特別あつかい」問題とは、「ある子に良かれと思って行った『特別』な指導が、他の子どもにとっては『ずるい』『あの子だけ』と感じられ、個別指導と集団での指導が対立する」状態にあることをさします。ひらたく言えば、「障害のある○○君のことだけ考えればできる指導でも、他の子どもの手前、できないわ」というもの。わかる気もします。インクルーシブ教育が進みにくい原因の1つが、素朴だけれども根強い「特別あつかい」問題にあると私は考えています。

◈みんな裸足になっていいんだよ

小学校3年生の通常学級にうかがったときのことです。高機能自閉症スペクトラムのあるユウキくんがいました。自分のやりたいことを優先することが多く、授業中に、どこからか拝借してきた生のサツマイモ（！）を取り出し、コンパスの針で自分の名前を彫りつつ、これまたどこで用意したのかそのイモをタコ糸でくくり、ブルンブルンと振り回しはじめます。かといって授業を全く聞いていないわけではありません。先生がイギリスの話をちらっとしたとき、ブルンブルンさせながら「首都はロンドン」と言います。かしこく、かつユニークな発想の持ち主なのですが、その分、学校の流れと合わないことが多く、先生や友だちから注意されることもたびたびありました。

6月のじめじめとしたある日。ユウキくんはいつものように、裸足で授業を受けていました。暑いからではなく、触覚の過敏さのためです。学校では1年生のときからずっと裸足です。しかし、この日のユウキくんの裸足は涼しげに見えたのでしょう。ある男の子が、「なんでユウキだけ裸足やねん。俺も裸足がええわ」と言いました。「確かに」と思うくらい、じめじめした日でした。

担任のヒロコ先生は、その子を含めたクラスの子全員に次のように伝えました。「裸足になりたい子はなってていいよ」。なんと！　裸足でOKとのこと。

ただし、ヒロコ先生は続けます。

「でもなユウキはな、決して怠けているのとちがうねんで。怠けて裸足になってないねん。そうじゃないのは、みんな、よくわかってるやろ」「それに今は、ユウキは苦手な野菜を食べるのがんばってる。みんなもがんばってることあるやろ。でも、2つも3つもがんばれへんやん」「みんなも、何か困っていることあったら言っておいで」と言われました。この後、ユウキ君が裸足でいることへの不満は出ず、裸足になる子どもはいませんでした。

◈みんな計算機使っていいんだよ

学習場面における別の実践を紹介します（石垣、2011）。通常学級の担任である石垣雅也先生は、発達障害が疑われる計算の苦手な優成くん（小学校5年生）と出会います。優成くんは、「64÷8」といった問題を解く際、棒を64本書き、8本ずつ丸で囲みます。そして、その囲った丸を1つずつ数えて「8」と答えます。3ケタの数が出てくると、もうお手上げです。理解が難しいこともあり、学習へのやる気もなかなか出ません。そんななか、石垣先生は、専門機関と相談のうえ、計算機を使用させることにしたそうです。すると彼は「答えがわかる」ことがうれしかったのか、徐々に学習への構えが出てきました。

しかし、ここで「特別あつかい」問題が浮上します。優成くんだけが計算機を使っているのです。他の子は黙っていません。「なんで優成だけやねん！　ずるいぞ！」と発言します。多くの先生が、この「ずるいぞ」の一言を恐れて、優成くんのような学習上の困難がある子どもに、その必要性は認識しつつも、計算機を渡すことはできないと思います。

ところが、石垣先生は、「使いたい人は使っていいよ」と返します。すると子どもはさらに、「テストで使ってもいいの？」と尋ねます。石垣先生は「テストで使っても構わない」と返します。

なんと！　計算機を使ってもOKとのこと。でも、石垣先生はもう少し続けます。「ただし計算機を使った100点と、使っていない100点は同じ成績にはしない」「計算機を使うというのはお家の人と相談して決めること」と子どもたちに伝えます。

そのあとの子どもたちの様子が興味深いです。優成くんのように学習面で困難の大きい子どもは、「それでも使う」ことを選択し、そうでない子どもは「そこまでして……」と計算機を使わなかったそうです。最後に、答え合わせの際にみんなで計算機を使うようにした結果、特定の子どもが計算機を使うことへの不満は聞こえてきませんでした。

◈2つの実践から学ぶこと

私たちは、この2つの実践から、いくつかのことを学ぶことができます。1つ目は、ヒロコ先生も石垣先生も「みんなを特別あつかいする」というメッセージをすべての子どもに伝えていることです。障害のあるなしにかかわらず、個々の子どものねがいや悩みを理解し、かかわる点に変わりはありません。だからこそ両先生とも、「裸足になりたい」「計算機を使いたい」という要求に対し、「いいんだよ」と答えます。

2つ目は、「特別あつかい」を指摘する子どものホントのねがいは「裸足になりたい」「計算機を使いたい」だけではないことも、両先生は見ぬいています。子どもたちは本当に「裸足になりたい」だけなのでしょうか？「○○ちゃんだけずるい」と指摘する裏には、「がんばっている自分も見てほしい」という思いがあるはずです。特別な配慮を受けている子どもが妬ましいだけではありません。そうではなく、がんばっている自分を見てほしいというメッセージなのです。

だからこそヒロコ先生は「ユウキもがんばってるし、みんなも同じようにがんばっているよね」と声をかけ、子どものねがいに立ち戻り、共感していきます。さらに「困っていることがあったら言ってね」と、ずるいと言う子どもの困難にも寄り添う姿勢を見せます。

石垣先生の「計算機を使ってもかまわない」という発言の裏には、「子どもたちはみんな同じようにがんばって賢くなりたい。楽して計算機を使いたい子はいない」という子どもへの確たる信頼があります。

◈ちがうけどおなじ

先述したように、インクルーシブ教育が注目されています。ただ、大事なのは、インクルーシブ教育を進めることそのものではないとも思います。重要なのは、インクルーシブ教育を通して、子どもたちに何を伝えたいかを明確にすることです。

その1つに、「みんなちがって、みんないい」を思い浮かべる人もいるでしょう。多様性（diversity）という言葉とともに、ひとそれぞれでいいんだよと言われることがよくあります。その意義はよくわかります。よくわかるのですが、私は、それだけでなく、「ちがうけどおなじ」というメッセージを子どもに伝えたいなと思っています。理由は、今回紹介した実践にあります。子どもたちのなかに「ちがい」はたくさんあります。偏食だったり、裸足だったり、計算機を使ったり、できないことが多かったり……。子どもはもちろん、大人でさえも、その「ちがい」に目がいきます。そして、そこに目がいくあまり、ちがいをなくそうとしたり、「ちがってもいい」「ちがいなんて気にしなくてもいい」といった議論になりがちです。

でも、もう一歩踏み込んでみたいのです。その「ちがい」の裏には、どの子も一人残らず、同じように素敵な自分になりたいと願い、悩み、がんばっている事実があります。子どもたちに、「いろいろちがうけど、でも、みんな同じように素敵な自分になりたいと願い、悩み、がんばっているんだよ」と「ちがい」の裏にある「おなじ」部分を伝え、共有したいなと思います。そういう人間観を子どもたちがもってくれたとき、その教室にはこれまでとちがう質のつながりが生まれるはずです。「ちがうけどおなじ」。そんな人間観を子どもたちに手渡すことこそが、インクルーシブ教育の意味なのだと思う今日このごろです。(1)

〈引用文献〉

石垣雅也(2011)「クラスの子どもたちや、教師集団の理解をどうつくっていくか:通常学級における特別支援」『障害者問題研究』39(1)、68-71ページ

〈注〉

(1) この「ちがうけどおなじ」を具体化している教育をアメリカの小さな私立学校で実感する機会がありました。障害の有無だけではなく、年齢もさまざまな子どもたちが一緒に学ぶ学校です。ご関心のある方は、以下の本をご参照ください。赤木和重(2017)『アメリカの教室に入ってみた:貧困地区の公立学校から超インクルーシブ教育まで』ひとなる書房

コラム4

強みを生かす…だけでなく

特別支援教育では、「強みを生かしましょう」とよく言われます。アセスメントをして、子どもの得意な部分を探り、それを教育に生かしていこうという主旨です。たとえば、繰り返しの傾向が強い子どもには、単純作業を当てる支援が重要視されます。

こう言われると、確かにそうやなぁと思ってしまいます。「適材適所」という言葉があるように、その人の特性に合った仕事を準備するのは合理的です。でも、こと教育に限っては、「強みを生かす」ことだけが喧伝されることに疑問を感じます。

「強み」ばかりに注目することで、子どもの「弱い」とされる部分や「へんてこりん」と思われる部分が、ないがしろにされたり、否定的にとらえられる恐れがあるからです。

第7章で書いたチンコネタを連呼するトモヒロくん。その連呼に「強み」は想定できません。むしろ「問題行動」とか「なくすべきもの」としてとらえられます。

しかし、放課後デイサービスのスタッフは、「なくすべきもの」とはとらえませんでした（紆余曲折はありましたが）。その連呼のなかに、おもしろさを感じ取り「言うより書くほうがもっとおもしろくなる」というまなざしを向けました。最後には「チンコネタは、放課後デイだけで言う」というように自己コントロールの姿が育っていきました。

「へんてこりん」のなかにある子どもの思いを受け取り、共感するからこそ、生まれた自己コントロールの姿でした。

「強み」を生かすことは大事です。でも、子どもの「弱さ」や「へんてこりん」のなかにこそ、子どもが変わっていく芽があると感じます。それに、子どもの「弱く」て「へんてこりん」で「どうしようもない」ところを含みこんで、子どもを愛したいなと思います。きっと子どもは、まるごと愛してくれる大人のまなざしをうれしく感じるでしょう。

子ども、大人、だれだって、どうしようもないところ、ありますからねぇ。

ちなみに、私は今月、財布を紛失しました。今もまだ戻ってきていません。

第9章
子育ての出発点

◈考えこんでしまう

とても考えさせられる論文を読みました。タイトルは「『療育プログラム』が自閉症児のわが子の『心を壊した』のではないか？」です（佐藤、２０１０）。衝撃的なタイトルです。

著者は、自閉症スペクトラムの子どもを育てている親御さん（お母さん）です。自分が行ってきた療育や、我が子が受けてきた教育、そして、子どもの様子を振り返りながら、自閉症療育について批判的に述べたものです。少し長くなりますが、この論文の内容を紹介します。

自閉症スペクトラムと知的障害をあわせもつ著者の子どもは、小さいときから「難しいお子さん」と言われることが多く、授業や行事に参加しづらく、泣くこと、暴れることがたびたびあったとのこと。このような様子もあって、お母さんは、「障害児の中でも『落ちこぼれ』と感じ、先生方に迷惑をかけて申し訳ないと思っていた」（P45）と感じていました。

このような状況のなかで、ある療育プログラムに出会います。特別支援学校の先生が「支援ツールという下駄をはかせることで周囲に謝ってばかりいる生活ではなく、普通の子たちと並んで当たり前の生活をしよう」（Ｐ45‐46）と、療育プログラムを紹介したのです。お母さんは、そのプログラムに傾倒するようになります。傾倒する背景には、「何もできない子という次男に対する私の評価」（Ｐ45）があったと率直に記述されています。我が子に対しコミュニケーションブック、サポートブック、スケジュール、手順表、自立課題などに次々に取り組みました。その結果、子どもの様子は大きく変わり、暴れることや泣くことが激減し、授業中も座れるようになりました。

お母さんは、さらに我が子への療育を進めます。スケジュールをより細かく提示し、ご褒美を用意して少しでもできることが増えるように取り組みます。

ところが、その頃から子どもが不安定になっていきます。何度も手を洗う強迫的な行動が出てきたり、家でも学校でも大声をあげて、数十分壁を叩き続ける行為を繰り返すようになってきました。それらの行動を見て、お母さんは、家にあるカード類をすべて撤去したそうです。すると、子どもは落ち着きを取り戻します。この過程で、お母さんは、「絵カードやスケジュールなどよかれと思って用意してきたものが次男を追い詰めていたのではないかと疑うようになった」（Ｐ48）と認識を変えられます。

しかし、特別支援学校中学部に進学したところ、お母さんは、学校が「数年前の我が家とそっくりな状況」であることに気づきます。先生方の首には写真や絵カードがぶら下がり、校内にはスケジュールや、「廊下ははしりません。あるきます」といったカード、手順表、タイマーなどが並んでいたそうです。

子どもは再び不安定になっていきます。お母さんが「座って」「食べていいよ」と言わないと動けないような指示待ち状態になりました。さらに、教室から外に出ることもなくなり、先生に言われるままに手足を動かすようになります。

そして、中学2年生の夏、事件が起こります。子どもがリビングにやってきてキッチンの包丁を手に取り、お母さんを見ながら「くび、ほうちょう、ギコギコ！」と叫んで包丁を首にあてました。幸いにも、包丁を研いでいなかったため、大事には至りませんでした。その後も、お母さんが隠した包丁を探してまわり、睡眠障害や、奇声、壁たたきなども増えました。今は、薬を服用しながら治療されているそうです。

◈子どもがしんどくなった理由

お母さんは、我が子がしんどくなった理由について、いくつか述べています。その1つは、支援技術やツールの多くが、実は、子どものためではなく、大人の都合であったのではないかということです。子どもが受けた教育のなかで、カードが多用されていました。それは、もちろん、自閉症スペクトラムのある子どもが見通しをもって落ち着いて生活するためと説明されます。しかし、お母さんは、これらは、大人が困らないための手段にすぎないのでは？と問います。なぜなら、絵カードの選択肢が、大人にとって「困らない」内容に偏っており、子どもの要求が制限されていたからです。

もう1つは、アセスメント方法の未熟さです。あるアセスメントをして、その結果から、単純に「弱いところを伸ばす」といった支援方法が立てられることがあります。しかし、そもそも、子どもは「弱いところ」を伸ばしたいと思っているとは限りません。そのため、子どもは「やらされている」感覚をもつようになります。

このように、子どもの要求が無視され、大人の都合による教育が行われた結果、子どもが「自分を消すこと」につながり、不適応行動を示したのではないかと推測しています。

◎子育ての出発点

しんどくなっていく子どもの姿をこれだけ克明に描くのは、お母さんにとって簡単なことではなかったはずです。ですが、お母さんは、みんなに伝えるべきことがあると決意されたからこそ論文にされたのだと思います。実際、深く考えさせられる内容です。

私自身も、「なぜ子どもがこれほどまでにしんどくなったのか」についてお母さんが述べていることに賛同します。アセスメントがどれだけ精緻になっても、また、効果的な支援ツールがどれだけ開発されたとしても、また、どれだけ「子どものため」と言おうとも、実際に行わ

れている支援が、大人の意向に従う子どもを育てようとするものになっている限り、子どもが自信をつけていくことにはつながりません。むしろ、「自分を消す」ことにつながるでしょう。実際、「社会に出るために必要だから」と言われ、ＳＳＴ（ソーシャル・スキル・トレーニング）を受けていた発達障害のある当事者が、「スキルを身につければつけるほど、今の自分を否定されているように感じた」と述べていました。

お母さんの意見に賛同したうえで、いくつか私の意見を加えます。

最初に考えられるのは、療育プログラムの問題です。たとえば、エビデンスを無視してつまみ食い的にプログラムを用いることの危険性や、そもそも子どもに合っていないプログラムを適用する誤りなどが考えられます。確かに、その問題は大いにあります。

ただ、プログラムそのものの問題だけではないと思います。絵カードやある特定のプログラムを否定すればそれですむ話ではありません。それらを否定したとしても、今回のような出来事がなくなるとは思えないからです。

私が、本論文を読んで、一番考えさせられたのは、子育ての出発点についてです。著者は、当初「障害児の中でも『落ちこぼれ』と感じ、先生方に迷惑をかけて申し訳ないと思っていた」や「何もできない子という次男に対する私の評価」と書いておられます。

このような子どもの見方のために、「できる」ことを追求する療育に傾倒していったことは想像に難くありません。他の子どもに比べて落ちこぼれであるとか、できないと思っていれば、どうしても「他の子どもと同じようにさせてやりたい」「できることを増やしてあげたい」思いで子育てを進めたくなります。もちろん、急いで断っておきますが、障害のある我が子にこのような思いを抱くこと自体を否定しているわけではありません。

むしろ、このような思いは、親の不安や焦りの裏返しです。さらにいえば、親としての責任の重さや不安につぶされそうになっているところを踏ん張っている気持ちの表れです（池添、2014）。支援者の仕事は、親のこのような気持ちを理解したうえで、「子どものため」という言葉の意味を一緒に考えていくことです。

◆「子どものために」を考える

「子どものため」という言葉の意味を深める鍵はどこにあるのでしょうか。「お母さん、その考えは違います」と上から目線で否定し、正しい考えを伝えることではありません。そうではなく、子どものねがいから出発する見方を、目の前の子どもの姿を通して伝えることです。子育てを始めたばかりの親御さんは、「問題」とされるような特徴的な行動に目がいったり、「できなさ」に気を取られがちです。結果として、子どものねがいや悩みが見えにくくなります。そんなときこそ、支援者の出番です。

ある自閉症スペクトラムの青年をもつお母さんは、幼児期の頃を振り返って次のように語ってくださいました。「我が子がなかなか集団に入らないのを見て、『また入れない』と思っていたの。でも、そのときに先生が『みんなのところに入ってはいないけど、でも入りたいんじゃないのかな。今、みんなのほうをちらっと見ていたよね』と言われたことがすごく印象に残っています」と。

子どもの行動を「できる／できない」だけで見るのではなく、些細に見える行動のなかに子どものねがいを読み取っていく視点は、お母さんにとって、目からウロコだったのでしょう。そして、実際に集団に参加していく我が子の様子を見ることで、子どもへの見方が変わっていったのです。結果として、親御さんが「無理に集団に入れなくてもいいんだ」「みんなと同じでなくてもいいんだ」とホッとできることにもつながっていきました。

子育ての出発点に必要なのは、「こうすれば普通の子になりますよ」「こうすればできますよ」というアドバイスではありません。そうではなく、一見、理解されにくい子どもの姿のなかにある子どものねがいを、保護者に伝え、また、一緒に考えていく出会いが大事なのだと思います。

さらにいえば、このように子どものねがいをつかんだうえで、我が子をかわいいと思ってくれる支援者との出会いこそが、「できない」ことも含めた我が子をまるごとかわいいと思えることにつながっていくのでしょう。

私が連載していた雑誌『みんなのねがい』にある「この子と歩む」コーナーにも、子育ての素敵な出発点がいくつもきらめいています。「障害を『治す』つもりで通っていたのが、障害が『あっても』人として豊かに育つために療育があると学んだ（真田、2013）」と書かれた親御さんがいます。また、「先生は、今この子は楽しんでいるとか、怒っているとか、志遠の心を代弁し、かわいがってくださいました。私はこんな笑顔のない子どもでもかわいがってもらえるんだ、というありがたい思いでいっぱいでした。そして、人にかわいがってもらえる子どもなんだ、じゃあ私もかわいがってみようかな」（川尻、2012）と書かれた親御さんもおられました。

親御さんの文章を通して素敵な保育が見えてきます。子どもの今を愛おしみ、そしてその今を花開かせる保育が行われていたのでしょう。

すべての親御さん、支援者が「子どものために」がんばっています。その思いを共有しつつ、「子どものため」という言葉の意味をあらためて考えたいものです。

〈引用文献〉

池添　素（2014）「保護者の言葉の中に解決の糸口を見出す相談活動」『障害者問題研究』41（4）、46－51ページ
川尻七美（2012）「この子と歩む：療育・教育、つながりのありがたさが身に染みて」『みんなのねがい』2012年5月号、4－7ページ
真田友恵（2013）「この子と歩む：祐希よ 自分の道をゆっくりと…」『みんなのねがい』2013年4月号、4－7ページ
佐藤良子（2010）「『療育プログラム』が自閉症児のわが子の『心を壊した』のではないか?」『子どものこころと脳の発達』1、45－59ページ

第３部

自閉症スペクトラムの子どもの発達

自閉症スペクトラムの子どもも発達します。しかし、類書では障害特性のみに特化した説明が多くなっています。障害特性がありつつも、その障害特性が変化したり、なにより、それぞれの子どもの人格が豊かになっていく……。第３部では、発達という視点から、自閉症スペクトラムの子どもに近づいていきましょう。

第10章

発達が動き出すとき

手持ちの能力の全面的開花

◈「イチ」しか言えない子ども

小学校・特別支援学級の村上公也先生による実践を紹介します。村上先生の学級に1年生のヒロオくん（自閉症スペクトラム＋知的障害があります）が入級してきました。

4月、はじめての算数の授業。どれくらいの力をもっているかを調べるために、教えつつ、様子を見ました。すると、ヒロオくんは「●」を見て、「イチ」しか言えません。「『いち、に、さん』って言ってごらん」と言えば、まねすることはできますが、それが1個や2個という理解につながっていません。「2」や「3」を数えることはできませんし、ましてや計算は全然難しい様子。数の概念はまだまだ初歩的な状況でした。私であれば、「早く2や3を教えなければ」とか「他の子と一緒に算数を学ぶのは無理だなぁ」と思ってしまいます。2をどう教えるか」と考える読者の方も多いのではないでしょうか。ところが、村上先生は、私たちのような発想とは全く異なる角度から授業を行いました。

◈ローテーションカード

村上先生は、算数の授業の最初に、10分ほどローテーションカードという数の反復練習をしています（詳しくは、村上・赤木〈2011〉参照）。**イラスト1**のように、4名の子どもが1人ずつ順番に、計算問題が書かれたカードを見て答えを言います。みんなで言い終わる秒数をはかったりします。ゲーム感覚で、みんなで数の反復練習をするというものです（この授業のあとは、積み木を使って数を学んだり、新しい計算を学びます）。

イラスト1　ローテーションカード

写真1のように、かけ算ができる子にはかけ算の問題が、積み木を見て数がわかる子には積み木の問題があたるように、あらかじめカードの配列を工夫します。そのため、子どもの数の発達が異なっても、みんなで一緒に学ぶことができます。

さて、ヒロオくんは、どうしたのでしょうか。ヒロオくんへの最初のカードは「●」でした（**写真2**）。ヒロオくん、慣れないためか小さい声で「イチ」と答えます。3人の友だちが次々と答えます。再び、ヒロオくんに順番が回ってきました。2回目も「●」のカード。ヒロオくん、再び「イチ」と答えます。まだ小さい声です。3回目も「●」のカード。今度は、ヒロオくん、自信ができたのか、大きな声で「イチ！」と答えます。4回目も「●」のカード。確信に満ちた大きな声で「イチィ!!」と答えます。……7回すべて、ヒロオくんのカードは「●」でした。

終わったあと、みんなで「できた！」とタッチしていました。そのとき、ヒロオくんは「よ

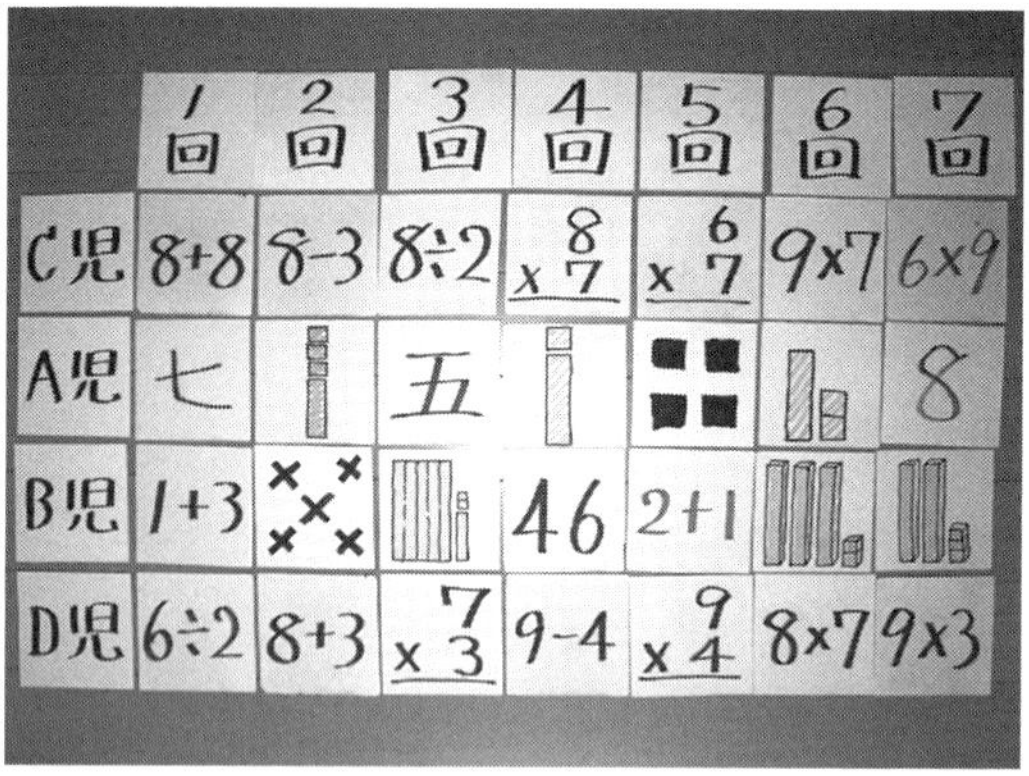

写真1　カードの配列の一例

写真2　ヒロオくんへのカード

し！　ヒロオの勝ち！」と言って場を締めくくりました。まさしく授業の主人公でした。とても盛りあがったのですが、冷静に考えると不思議です。村上先生は「●」のカードしか出していないのです。そして、ヒロオくんは「イチ」しか言っていないのです。でも、子どもが先生の顔色をうかがう授業とは大きく違います。むしろ自信満々の様子でした。どういうことなのでしょう。

◈「イチ」しか言えないのではなく、「イチ」が言える

私のような「早く2を教えなければ」といった考え方と、村上先生の教え方とでは、何が違うのでしょうか。知識や教育技術が決定的な違いなのではありません。異なるのは、子ども理解です。私が「イチしか言えない」ととらえているのに対し、村上先生は「イチが言える」ととらえています。「イチしか言えない」とみれば、当然「早く2を教えないと」「1対1対応ができるようにならなければ」と、新しい内容を教えたくなります。「できないことをできるように」という発想です。

しかし、村上先生は違います。「イチが言える」ととらえます。そして、彼がいま、もっている能力を存分に発揮できるように授業を創ります。その結果が、「●」のカードだけを提示する活動です。

もう1つの違いは、集団のなかに、ヒロオくんの学びが位置づけられている点です。私たち

は、「イチ」しか言えない子どもを見ると「集団で数を学ぶなんて、とても無理」と思ってしまいます。だから、個別指導をしがちです。

しかし、村上先生は違います。集団のなかで学ぶことを大事にしています。しかも、単に集団にいるだけでなく、ヒロオくんがいないと成り立たない設定をつくります。ヒロオくんが「イチ」と言わなければ、他の子どもたちは答えを言うことができません。そして、ヒロオくんが「イチ」と早く言えば、全体のタイムもよくなります。ヒロオくんが答えることで成立する課題です。だからこそ、彼は誇りをもって「イチ」と言ったのでしょうし、「よし！　ヒロオの勝ち！」と言えたのでしょう。

もちろん、数概念を教えるためには、このような指導だけでは十分ではありません。あわせてさまざまな指導をする必要があります。そのうえでとなりますが、この実践から学ぶのは、端的にいえば「子ども理解の出発点はどこか」「授業の出発点はどこか」という点です。

◈「手持ちの能力の全面的開花」から発達が動き出す

発達は、障害児教育を考えるうえで重要な概念です。しかし、発達とは何かを説明しようとすると案外難しいものです。そのため、多くの研究が行われてきました。発達保障の立場では、「できないことができるようになること」といった単純・短絡的な見方をとるのではなく、「発達とは『やりたいけどできない』という矛盾をのりこえ、新しい自分をつくっていくプロセス」

や、「できることだけではなく、いつでもどこでも誰とでもできる、そのようなヨコの発達を重視しよう」といったように、発達の見方を豊かにしてきました（白石、1999／丸山・河合・品川、2012）。

村上先生の実践からは、これらの発達の見方に加えて、発達が動き出す契機を学ぶことができます。それは、「手持ちの能力の全面的開花から発達が動き出す」という視点です。[1]

ヒロオくんは、数に関する手持ちの能力は「イチ」と言えるだけです。数に関してたくさんの能力を持っているわけではありません。しかし、その「イチ」が言える、そのことが尊いものだととらえることで、その能力が花開いています。彼の「イチィ‼」という自信に満ちた発言は、まさに表現（express）という言葉がふさわしいものです。

しかし、それだけでは、子どもの発達が動き出すには不十分です。その表現が、集団のなかで位置づけられることが不可欠です。全面的に開花した表現は、個人のなかだけで完結するのではなく、集団のなかで受け止められてこそ意味があります。彼の「イチィ‼」を聞いた友だちは、決して「イチしか言えないヒロオくん」とはとらないでしょう。むしろ、その「イチ」にすごいなぁと心を動かし、同じ学習を進める仲間として迎えるはずです。ヒロオくんの表現（express）を受けて、周囲にいる他者は、印象づけられ（impress）ます。そして、そのimpressされた他者を見て、さらに子どもは、自ら変わっていきます。実際、この学習を通して、ヒロオくんは自信をつけ、数をもっと勉強したいと思い、その後、繰り上がりの足し算や引き算ができるようになっていきました。

人間関係のなかで、子どもが、手持ちの能力を全面的に開花させていくことが、発達が動きだすきっかけになります。

◆教えるって……

ほとんどの先生は、教えるとき「つぎ」のことを考えます。それは当然のことですが、「少しでもできることが増えるように」という思いが強くなりすぎると、「『イチ』しか言えないのであれば『ニ』を」「文字を3つ覚えたら4つ目を」というように、新しいことをどんどん覚えさせようとします。

もちろん、そのような教え方があることはわかります。でも、教えることの原点は、今、子どもがもっている能力が全面的に開花・表現できる土台を創ることです。子どものもっている能力が開いていくさまは、きっとまわりの者の心を揺さぶりますし、その関係のなかでこそ、発達の芽が育ちます。

第2章で紹介したあやねちゃんを思い出してください。「ヒモふりをなくす」のではなく「ヒモふりがいい」ととらえることで、新体操ごっこが始まりました。手持ちの能力の全面的開花です。そして、その新体操ごっこが、集団のなかで意味あるものとして位置づけられていました。あやねちゃんの上手なヒモふりが、友だちを印象づけ、その友だちを見て、あやねちゃんも変わっていきました。

子どものことを思えば、どんどん教え込みたくなるときもあります。でも、そんなときほど、今、子どもがもっている力を見つけ、存分に開花させようとするまなざしをとってみませんか？　案外、そんな視線のなかに、教育の手がかりがあるはずです。

〈引用文献〉

丸山啓史・河合隆平・品川文雄（2012）『発達保障ってなに?』全障研出版部
村上公也・赤木和重（2011）『キミヤーズの教材・教具：知的好奇心を引き出す』クリエイツかもがわ
白石正久（1999）『発達とは矛盾をのりこえること』全障研出版部

〈注〉

（1）「手持ちの能力の全面的開花」と似たような概念に、ヴィゴツキーの提唱する「現下の発達水準」というものがあります。「現下の発達水準」とは、「1人でできる・解決できる水準」のことをさします。「いまできること」に注目する点では同じ概念です。ただ、相対的にできることが少ない能力においても、「いまできることを発揮する」というより肯定的な価値を強調するために「手持ちの能力の全面的開花」という表現を用いました。

コラム 5

変人

　ある小学校5年生（通常学級）の授業をときどき見学するのですが、そのクラスを訪れるのが楽しみです。楽しみの理由の1つは作文。掲示されている作文を読むのが楽しいのです。生き生きしています。文法や誤字など気にしないでのびのび書いている様子が伝わってきます（実際、先生も、作文をみるとき、訂正や指摘は一切しないとのこと）。

　さて、ある思慮深い女の子の作文が目にとまりました。大意を書くと、「担任の○○先生は変人だ。○○先生以外にも、私の周りには変人がたくさんいる。変人が多い分だけ、力や勇気をもらっているんだ」という内容。

　え？　変人に力や勇気をもらう？……「変人」とか言わなさそうな子なのに、どうなってるの？　まさかの変人マニア？　ドキッとしたのですが、その担任の先生の様子を見ていると、なんとなーく、文章の意味が見えてきました。

　担任の先生はとてもユニークな方です。社会の授業開始早々、1枚の写真（棚田の写真など）を見せて、「これ、どう？」と子どもに問いかけるのみ。「え、どうって言われても……」と固まるワタクシ。それをよそに子どもたちは、自由にさまざまな意見を出します。そして、子どもたちの意見を先生が拾いつつ、授業が進んでいきます。子どもにとっても、見ている私にとっても、どこに話がいくか予想がつきません。予想がつかないのですが、不思議とそのなかから大事な問いが出てきて、みんなで考えを深めていきます。とてもユニークな授業です。

ほかにも、「板書をそのままうつさないこと。それは勉強ではない」「本当に集中していたら姿勢なんて崩れる。だから姿勢に気をつけすぎる必要はない」などユニークで、でも本質的な哲学をもっておられます。たしかに変人です。

こういう指導をするのは勇気がいることです。他の先生と違うことをすれば、同僚や保護者のなかには理解が難しい人がいたかもしれません。でも、それでも自分の大事なことをまわりと調整しながらすすめていく。そんな先生に、その子は魅かれたのだと思います。他人と違ったとしても、自分の大事なことを表現する、その姿勢に力と勇気をもらったのでしょう。それに、そんな先生だから、きっと子どもの突き抜けた表現や「おかしな」表現も大事にしてくれる、そういう温かさと信頼も感じているのでしょう。

「時代は変人!」と思って、家に帰り、小学5年生の娘に「お父さんっていろいろ変わったことしてるやんかぁ。変人だと思わないかなぁ?」と猫なで声で聞いてみました。

娘「お父さんは、変人ていうより変態やん」と一言。きもいみたいです。

第11章

今を愛おしむ
発達を学ぶ意味

◈発達を学ぶ意味

第10章では、「発達とは何か」ということを考えました。そのなかで見えてきたことは、発達の契機は、手持ちの能力の全面的開花であるという提起でした。

本章では、少し角度を変えて、「なぜ発達を学ぶのか」について考えます。発達保障の立場に基づく実践では、発達的な視点をとても大事にしてきました。また、現在、保育の分野では、「発達ブーム」と言えるほど、発達に関するたくさんの本が出版されるようになってきています。子ども理解の要として、発達理解は欠かせません。

でも、そもそも、なぜ発達を学ぶのでしょうか。

◈うぃうぃ！

静岡市にある小規模保育所なのはなガーデン（NPO法人なのはな）の実践検討会に参加する機会がありました。そこで、心おどる実践に出会いました。2歳児クラス担任の水越 恵先生（以下、めぐみ先生）の実践記録をもとに紹介します（赤木・岡村ほか、2017）。

2歳児の子どもたちと散歩に出かけたときのことです。子どもたちはみんなでなんとなく固まって歩いていています。そのとき、ヒロミチくんが、「トモオくん、手をつなごう～」とちょっと先にいるトモオくんを誘いました。トモオくん、すんなり手をつなぎます。しばらくして「事件」が起こりました。

2人が、突如、「うぃ！ うぃ！」と手をつなぎ、ジャンプしながら歩きはじめたのです。その経緯は、保育者にもよくわかりません。

当然、めぐみ先生は、（うぃうぃ！ ってなに）と心の中でツッコミつつ、2人を見つめます。しかし、（でも、ノッテみよう）と思い、一緒に、2人の後ろで「うぃうぃ！」と叫びながらジャンプを始めました。

すると、その様子を見て、後ろに歩いていた子どもたちがやってきます。マナブくん、ヒロミチくん、トモオくん、タカシくんと手をつなぎ、みんなが「うぃうぃ！」と言いながら飛び跳ね歩きます。対人関係で少しぎこちなさのあるアツシくんも、手をつなぐことはありません

でしたが、「うぃうぃ！」と言っています。

さらに、アツシくんの後ろにいたチカちゃんとミホちゃんも2人で手をつなぎ、飛び跳ねています。先生含めたクラス全体が「うぃうぃ！」の大合唱です。

散歩の後半に入ると、先生は「うぃうぃさ～ん、今度はガソリンスタンドが見えてきましたよ～」と子どもたちに呼びかけます。子どもたちは「うぃうぃ！」と叫びながら、お散歩を楽しみました。

◇保育者のかかわり

一見すると何気ないやりとりです。でも、そのなかに、保育者の深い専門性を感じとることができます。1つ目は「うぃうぃ！　ってなに？」と子どもに尋ねていないところです。少なくとも大人からすると、この「うぃうぃ！」は意味不明です。つい、子どもに尋ねたくなります。ところが、めぐみ先生は、心の中では「?」と思いつつも、尋ねていません。尋ねたとしても、「かくかくしかじかの理由で、うぃうぃなんですよ」と、2歳児の子どもは説明することが難しいでしょう。なにより尋ねてしまえば途端に、「うぃうぃ！」を共有する楽しさが霧散してしまいます。だから、あえて「うぃうぃ！」の理由を尋ねなかったのです。

2つ目は、即座に自分も一緒にノルという瞬発力です。（なんだろう?）と思った次の瞬間には、一緒に「うぃうぃ！」と言っています。実践検討会に参加していた他の保育者も話していましたが、こういう場合、他の人の目もあって躊躇しがちです。めぐみ先生、みじんも躊躇がありません。さらには、「うぃうぃさ〜ん」と、「それ、だれやねん!?」とツッコミたくなるような声かけまで行って、遊びを発展すらさせています。

尋ねたいことを尋ねないまま、すぐに一緒にノレる瞬発力。その背景には、子どもの楽しさを大事にしつつ、より楽しさを膨らませたいという保育者のねがいがあるのでしょう。保育者の深い専門性を見ることができます。

◈2歳児らしさ

本章の主題である子どもの発達を学ぶ意味についても学ぶことができます。この実践のなかに、まさに2歳児という姿が描かれています。2歳児の特徴は、端的に言えば、お互いに意味を問わないまま、「うぃうぃ！」というリズムを集団で共有できるところです。「うぃうぃ！」と言い出したヒロミチくんとトモオくんは、何か理由があったのかもしれません。でも、他の子どもたちにとっては、「うぃうぃ！」なるものが何を意味するのかは、わかっていなかったでしょう。でも、それでいいのです。「うぃうぃ！」を共有する楽しさがあるからです。

さらに「うぃうぃさ〜ん」という先生の声かけもよく考えると、よくわからないのですが、それでいいのです。いや、それがいいのです。「うぃうぃ！」という語感とそれに伴う飛び跳ねる動きを、先生も含めたクラス集団で一体となって楽しむ。この瞬間にこそ、なんともいえない深い楽しさが広がります。

実際、このような他者の発言や行動の理由を問わないまま共有できる姿は、保育実践や発達研究においても、2歳児の特徴として報告されています（射場、２００６）。

◈今しかない——刹那としての発達

……と、2歳児の発達的な特徴を語って終えることもできます。しかし、このような理解だけでは十分ではありません。発達理解をさらに深めると、「この姿は今だけだ」と実感できるようになります。

もし「うぃうぃ！」と言い始めた子どもが4歳児や5歳児だとしたらどうでしょう。きっと「『うぃうぃ』ってなに？」と尋ねる子どもが出てくるに違いありません。というのも、4歳児

以降は、推理する力をもてるからです。４歳をすぎると、結果から原因や理由を推理できるようになります。たとえば、マンションの前に止まったパトカーをみて、「泥棒が入ったかも」「ボクを捕まえにきたのかな」などと推理することができます（松本・常田・川田・赤木、２０１２）。パトカーを見て喜ぶだけではありません。言い方を変えれば、４歳児は、不思議な現象を見ると推理してしまうのです。２歳児のように「理由を問わずに共有できる」ことはだんだんと難しくなります。

１歳児の場合は、どうでしょうか？　確かに、理由を問わずに共有することは可能でしょう。しかし、その範囲は、２歳児とは違って限られています。自然発生的に子ども集団で「うぃうぃ！」を共有することは難しいでしょう。

子どもと保育者との何気ないやりとりのように見えますが、発達の特徴を知ることで、２歳児が見せるエピソードは、「今しかない」ということが見えてくるのです。この時期にしか感じることや共有することのできない姿です。「せつない」と表現したくなります。

◈発達を学ぶ意味──今を愛おしむ

発達を学ぶ意味として、「2歳児の発達特徴がわかれば保育・教育ができる」と説明されることがあります。ハウツー本において、この傾向が顕著です。また、「的確に子どもをアセスメントするため」「保育・教育に見通しをもつため」とも言われます。このような意味があることもよくわかります。

ただ、私が研究を続けていて感じるのは、「発達がわかるだけでは、そう簡単に保育・教育は変わらない」という厳然たる事実です。保育・教育はそんなに単純ではありません。

でも、それでも、発達を学ぶ意味はどこにあるのでしょうか。それは「今しかない」を深く知ることに尽きると思います。先ほども触れたように、友だちの「うぃうぃ！」に、その理由を深く問うことなく共有できるのは、この2歳児をおいて他にはありません。

泥のべちゃっとした感触を「べちゃっ」という言葉ぬきに感じられるのは、言葉を話す前までの子どもだけです。言葉を獲得した子どもや大人は、泥のあの感覚を、いやでも言葉を通して感じてしまいます。サンタクロースが「いるのかな、いないよな、でもやっぱいるよな……でも……」と揺れることができるのは、学童期の特権です。学童期でしか揺れ動くことができません。

発達の道筋を学ぶからこそ、「世界をこのように感じることができるのは今しかない」とせつなく思えます。だからこそ、子どもの今が愛おしくなります。するると、保育・教育の方向性も不思議と変わってきます。「できることを増やす」「早く次の段階にいくことをめざす」ような保育・教育ではなく、今しかない今をより充実させる方向に保育・教育の方向性が立ち上がってきます。発達を学ぶ意味はこの「今を愛おしむ」ところにあります。

◈障害のある子どもの「今」を見つめる

ここまでの話は、「障害のある子どもにはあてはまらないのでは?」と思われる方もいるかもしれません。確かに、障害のある子どもとかかわる方にとっては、「発達を学べば今が愛おしくなる」という余裕のある視点をもつことは簡単ではないかもしれません。少しでも「問題行動」を減らして、生きやすくなるようにと願うのは当然のことです。

確かに、そういう考えはもっともだと思います。一方で、障害のある子どもでも発達を学ぶ視点は同じです。その根拠は、これまでの発達保障研究・実践の蓄積のなかにあります。

土をカップに入れてひっくり返しプリンを繰り返し作りつづける自閉症スペクトラムのある子どもがいます。このような場合、「このこだわりをなくすにはどうしたらいいか?」「他の遊びをさせるにはどうすればいいか」と悩みがちです。特に、その子どもが、先生が主導する保育に参加しない場合、このような悩みが出されます。

しかし、近藤直子さんが指摘するように、この繰り返しの行為のなかに、その子なりの楽しさが隠れていることが、しばしばあります（近藤、２００９）。発達してしまうと、この楽しさはもう感じとることができなくなるかもしれません。だからこそ、その行為の魅力を探り、そして、さらに楽しさを広げていくようなかかわりが大事になります。質感の違う土を用意してさらさら感を楽しんでもよいでしょう。イメージが広がりつつある子どもであれば、その子の好きな食べ物に見立ててもよいでしょう。障害のない子と違って、今を充実させたとしても、発達段階がすぐに進むとは限りません。それでも、容器に土を入れる行為の幅が広がったり、その経験のなかで、子どもがさまざまな手ごたえを感じたり、ドキドキ・ワクワク・ハラハラといった感情が豊かに耕されていくようになります。「ヨコの発達」として、私たちが確かめてきた事実です。

◈「一才は一才として」

糸賀一雄さんが書かれた文章をあらためて思い出します（糸賀、２００３：原本は１９６５年〈柏樹社刊〉）。

一才は一才として、二才は二才として、その発達段階はそれぞれの意味をもっているのであって、そのときでなければ味わうことのできない独特の力がそのなかにこもっているのである。一才は二才でないからといって低い価値なのではない。それぞれの段階がもつ無限の可能性を信じ、それを豊かに充実させること以外におよそ人間の生き方というものがあるべきであろうか。（P305）

50年も前に書かれた文章ですが、今でも学ぶことが多いです。そして、子どもとかかわる実践に携わる専門家は、次の糸賀さんの文章もあわせて心にとめておきたいものです。

問題は子どもたちのあらゆる発達の段階をどのようにしたら豊かに充実させることができるかということである。教育技術が問われるのはこの一点においてである。しかし教育技術が生かされる基盤となるもの、むしろ教育技術をうみ出すもの、それは、子どもたちとの共感の世界である。（P306）

〈引用文献〉

赤木和重・岡村由起子・金子明子・馬飼野陽美（2017）『どの子にもあ～楽しかったの毎日を：発達の視点と保育の手立てをむすぶ』ひとなる書房
糸賀一雄（2003）『復刊 この子らを世の光に：近江学園二十年の願い』NHK出版
近藤直子（2009）『続・発達の芽をみつめて』全障研出版部
射場美恵子（2006）『0歳から5歳の「集団づくり」の大切さ』かもがわ出版
松本博雄・常田美穂・川田 学・赤木和重（2012）『0123 発達と保育：年齢から読み解く子どもの世界』ミネルヴァ書房

第12章 新喜劇
新しい自分になっていく

◈新喜劇の難しさと魅力

みなさん、新喜劇はご存知でしょうか。関西の方はもちろんのこと、関西以外の方も一度は見たことがあると思います。パチパチパンチとか、「ドリルすんのかい」とか、そう、あれです。新喜劇は、ボケやツッコミ、風刺などを交えて観客を笑わせます。その一方で、どこか人生の悲哀を感じさせるストーリーにもなっています。

この新喜劇に、障害のある青年たちが取り組んでいます。エコールＫＯＢＥ（福祉事業型「専攻科」）の青年たちです。毎年「えこーる新喜劇」と題された新喜劇を、多くの観客を前に演じています。

しかし、よくよく考えると、障害のある青年たちが新喜劇を演じるのは難しい気がします。まずは台詞を覚えなければいけません。そして、覚えるだけでも不十分です。観客を笑わせるためには、ボケたり、ツッコむことが必要です。絶妙な間合いが必要です。簡単なことではありません。そしてスベッたときは、計り知れないダメージが予想されます。非常にリスクのある活動です。

しかし、このような困難が予想されるにもかかわらず、えこーる新喜劇は、青年当事者たちにも観客にも好評で、毎年行われています。中には、えこーる新喜劇をやりたくて、入学した青年もいたほどです。どこにその魅力があるのでしょうか。また、どのように実践が行われているのでしょうか。とても気になりました。新喜劇の練習を見に、エコールＫＯＢＥを訪問しました。

◈みんなでつくりあげる「えこーる新喜劇」

2年生の練習を見学しました。プロの放送作家である砂川一茂さんがアドバイザーとして参加しておられました。この日は4回目の練習。次が本番ですので最後の練習です。ゆるやかな台本をもとにリハーサルをするような形で進みました。リハーサルとはいえ、本番さながらのおもしろさです。そのなかで印象的なやりとりがありました。

あるおんぼろ旅館を舞台に、旅館のご主人、おかみさん、従業員、お客さんのドタバタ劇が展開されました。テレビの取材が決まって一同が興奮するシーンです。

従業員役の先生が興奮して「ご主人、テレビですよ、テレビ！」と旅館のご主人に語りかけます。すると、ご主人役の智之さんは、淡々と「取材はお断り」と話します。

当然、せっかくの宣伝の機会にもかかわらず断るわけですから、従業員一同、「え〜、なんでなんですか。ちょうどいいじゃないですか」と口々に言います。

そのとき、突如、おかみさん役の真美さんが、ご主人に「あの、あなた、テレビの中継の件ですが……」と話し始めます。やりとりが噛み合っていません。

そのとき、従業員役の先生が、間髪入れず「それ（その台詞言うの）早いわ。まだ早い。あとやから」とツッコミます。狙ったボケではなさそうですが、間合いが絶妙で、見ている青年・教員から笑いがおこります。

そこで、テンパってしまったのか、おかみさん役の真美さんは、あろうことか従業員に向って、「おとうちゃん……」と話しかけてしまいます。

待っていましたとばかりに従業員役の先生が「おとうちゃん、こっちやから!!」とツッコミます。

おかみさん、アワワとなりながら、ご主人役の智之さんに「おとうちゃん……」と話そうとするのですが、あろうことか、観客席側に背を向けてしまいます。従業員役の先生は、畳みかけるように「(観客に) お尻向けてるから!!」とツッコミます。

おかみさん役の真美さんと先生のテンポのよい掛け合いに、練習中とはいえ、みんなお腹を抱えて笑いました。

真美さんはあえてボケているわけではありません。一生懸命やっているのですが、それゆえ、そのギャップが微笑ましく、つい笑ってしまいます。真美さんも、みんなの反応を見て笑顔になり、まんざらでもない様子。

他にも、つい笑ってしまうエピソードがありました。ひとなつっこい自閉症スペクトラムの敦さん。とにかく新喜劇が大好きなのが伝わってきます。誰かを笑かしたくてしかたがない、そういう雰囲気が伝わってきます。ですので、彼はシナリオにないアドリブもどんどん言いますし、自作の小道具まで用意しています。はりきって小道具を出すのですが、肝心の小道具が微妙に小さくて、何なのかよくわからないのです。すかさず「これなんやねん!」と周囲からツッコまれ、笑いを引き起こしました。敦さんの当初の目論見とは違うのかもしれませんが、笑いの渦をつくっていきます。

一方、人前で話すことが難しい青年もいました。彼は話さなくてもよいカメラマン役になり、テレビ局から譲り受けた本物のカメラを持ちながら舞台に立ちます。一人として同じ動きをする青年はおらず、それぞれが独自の入り方で舞台に立ち、みんなで新喜劇をつくりあげていきます。

◈青年から見た新喜劇の魅力

砂川さんと学園長の河南勝さんへの聞き取り、およびいくつかの資料（岡本・河南・渡部、２０１３）から、青年にとっての新喜劇の魅力が２つ見えてきました。

１つ目は、「今の自分がいい」という感覚から出発できる安心感です。台詞を覚えられなくてもかまいません。「なぜできないの？」と問い詰められたり「もう1回やりなおし」「ちゃんと覚えなさい」という指導はありません。むしろ台詞が飛んだことで「なんもないんかい！」というまわりからのツッコミを引き出せます。できなくてもいいのです。今の自分のままがよいのです。砂川さんによれば、「よくしよう」「ちゃんとしよう」とすると、不思議とつまらなくなるそうです。むしろ、今の自分の素を表現するほうが自分も周囲も楽しくなる活動です。「今の自分がいいんだ」という安心感があります。

もっとも、肝心の本人が「ばかにされた」と感じていれば、大問題です。しかしそのような姿は見られませんでした。それに、青年たちは参加しない権利が認められています。それでも、積極的に参加しています。加えて、真美さんの変化です。真美さんは、1年前は、新喜劇も含め、自分の意見をまとめて出したり、他の人の意見を聞くことが苦手だったとのこと。しかし、今回の新喜劇では、みんなのセリフを聞きながら、堂々と大きな声を出して表現しています。「笑われた」ではなく「笑わせた」という感覚が、これまでの取り組みのなかで残っているからこその変化です。

2つ目は、自分が全力で表現したことが相手の心を動かしていくことへの喜びです。笑いは残酷です。お世辞の笑いなのか、本当の笑いなのかは、その場にいればすぐにわかります。演じている方ならもっとわかるでしょう。えこーる新喜劇も例外ではありません。「障害者の劇だから笑ってあげよう」なのか、「マジでおもしろいから笑う」のどちらなのかは、すぐにわかります。ごまかしようがありません。

写真1　「えこーる新喜劇」練習の一場面

このような真剣・対等な状況のなかで、自分たちの表現したこと（express）が、観ている人たちの心を動かしたこと（impress）、本当の笑いを喚起できたら、それは、もうたまらない喜びではないでしょうか。これまではどちらかというと楽しむ側が多かったであろう彼らが、自分のパフォーマンスによって多くの人の感情に働きかけ楽しませる、そのリアルな体験に喜びを感じているのでしょう。

◈新しい自分が生まれる

発達研究の視点から見ても、新喜劇の取り組みは魅力的です。新しい自分を生み出す契機になっているからです。砂川さんは、「青年たちが、取り組んでいるとき、顔が役者になっていくのが興味深い」と語っていました。確かに、私から見ても、彼らの顔つきはいつもと違います。さらに、自分でも想像しえなかったパフォーマンスをつくっているように見えます。自閉症スペクトラムのある青年が、台本にないセリフを急に話して場を笑わせるというのは、周囲はもちろん、自身でも想像しえなかったでしょう。自閉症スペクトラムの障害特性として「同じことを繰り返す傾向が強く、予想外の出来事が苦手」とよく言われます。このような障害特性からはかけ離れた姿です。新喜劇を通して新たな体験をし、その体験を通して新たな自分が生まれています。

新喜劇が新しい自分の生成につながるのは、新喜劇が即興的な要素を強くもつからです。ヴィゴツキーの流れをくむホルツマンは、即興こそが、自分が従来もっていた能力を超える、いわば「頭ひとつ抜け出た」パフォーマンスにつながると指摘しています（ホルツマン、2014）。即興的ですから、前もって決まった台詞ばかりではありません。その場その場で、刻々と展開が変わるなかで台詞を言う必要があります。相手役がたまたま台詞をとばすこともあれば、わざと違うセリフを言う場合もあるでしょう。自分が台詞をとばしてしまうかもしれません。そのような状況のなかで、「なんも言わんのかい！」とツッコんだり、ツッコまれたりします。このような想定外のやりとりを通して、自分がもっていた経験を土台に、これまでの自分では表現できなかったパフォーマンスが創発されます。パフォーマンスをした後に自分で自分に驚く、そういう経験につながります。

ただし、いくら即興が大事といっても、それが個別の活動であれば、新しい自分は生まれません。新喜劇が共同的であることも重要な要素です。特に、えこーる新喜劇では、相手の台詞（台詞にならない台詞も含めます）を大事にしています。自分が言いたいことを言うだけでなく、相手の台詞を聞き、その台詞を受けてパフォーマンスすることが求められます。

たとえば、砂川さんは、次のようなことを語られました。高機能自閉症スペクトラムの子どもが、舞台中、ジャングルの中の赤い絵をさして「果物や！」と言ったそうです。突然で、しかも、どう見てもただの模様にしか見えなかったとのこと。しかし、他の演者が「ホンマや」と乗っかった（ボケた）そうです。高機能自閉症スペクトラムの子どもの発言を大事にするからこそ、自分が思っていたこととは違うセリフに「ホンマや」と乗っかることができ、「一緒にボケる」という新たな意味を創造し、周囲の感情を動かすことが可能になりました。一人では生み出せなかったパフォーマンスがみんなの力で創発されたのです。

◈新喜劇と発達

新喜劇と障害のある子どもの発達とは、一見すると全くつながりがないように思えます。しかし、障害のある青年が夢中になっているえこーる新喜劇を見れば、むしろ発達と関連があることがわかります。

今、自分がもっている能力を発揮して全力で表現し、その表現したことが他者を動かしていく。そして、その他者との関係のなかで、新しい自分が創発されていきます。

もちろん、新喜劇でなくてもＯＫです。日々の保育実践、教育実践のなかにおいても、えこーる新喜劇で青年が見せたような姿はあるでしょう。子どもたちが、先生や友達との関係のなかで、１人では表現できなかった姿を見せることはよくありますし、そこから、その子どもも他の子どもも変わっていきます。「想定外」という言葉は、昨今、ネガティブな意味でよく使われます。しかし、本来「想定外」にはポジティブな意味もあります。教師も当の子どもも予想しえなかったなかにこそ、子どもたちが変わっていく芽があります。

〈引用文献〉
岡本 正・河南 勝・渡部昭男（２０１３）『福祉事業型「専攻科」エコールＫＯＢＥの挑戦』クリエイツかもがわ
ロイス・ホルツマン（茂呂雄二訳）（２０１４）『遊ぶヴィゴツキー：生成の心理学へ』新曜社

最終章

自閉症スペクトラムのある子どもの障害・発達・教育を考える

最終章では、これまでのまとめと整理の意味も兼ねて、自閉症スペクトラムのある子どもの障害・発達・教育について、お話しします。

◈ある作業所での実践から

木の芽福祉会ひらめの家という作業所（就労継続支援B型）で働く職員の新 照良さんから、ちょっとした、でも、とても素敵な実践について話をうかがう機会がありました。

この作業所に、50代の統合失調症の利用者（タカシさん）が通っておられました。タカシさんは、その日の調子によって作業所に遅れたり、休むことがあります。

作業所に来ても、みんなが取り組んでいる袋詰めなどの仕事をしません。何をしているかというと、パソコンを取り出し、イヤホンを装着し、1人、アニメの動画を見ています。作業所に来てもアニメを見る毎日です。

自閉症スペクトラムのある利用者（マサルさん）は、毎日、作業所には来るものの別室で、「点つなぎ」のプリントを1人、取り組まれているそうです。作業は全くせず、1人で点つなぎのプリントをするのみ。プリントだけがどんどんたまっていきます。

こういうとき、困ってしまう支援者の方は多いと思います。「パソコンが悪いわけではない。でも作業を全くしないのは、作業所としてまずいのでは」「点つなぎのプリントをしているだけでは、どんどんこだわりが強くなってしまうのではないか」と悩む支援者もいるでしょう。そう思うのもわかる気がします。

だからこそ、次のような支援がよく行われます。1つ目は、「枠を決める」支援です。たとえば、「パソコンでアニメを見るのは1日2時間まで」と枠を定めて、その中でアニメを見てよいとする支援です。そして、利用者が約束を守ったらほめて、そして、徐々にアニメを見せる時間を減らし、作業に取り組む時間を長くする方法です。

2つ目は、「パソコンをなくす」という「強い」支援です。根底には「パソコンがあるからアニメを見てしまう」「利用者は甘えている」といった考えがあります。

最後、3つ目の支援は、「パソコンを使うのを認める」というものです。受容的という言い方もできなくはないですが、実体は、放置に近い場合もあります。「枠を決める」とか「パソコンをなくす」やり方では、利用者の方が荒れてしまって「うまくいかない」ときに、「パソコンでアニメを見ていたら他の人の迷惑にもならないし……」となって、そのままその人の好きなことを認めることがあります。もちろん、支援者もこれでよいとは思っていません。でも、他にどうしてよいかわからずに、結果としてこのような支援になってしまうことが多いかと思います。

◈パソコンを「仕事」として位置づける

試行錯誤されながらではありますが、この作業所で実際に行われた支援は、先にあげたものとは異なるプロセスをたどりました。朝礼の時間のことです。ホワイトボードに今日の作業内容を書いたうえで、「袋詰めしたい方、いますか？」「紙すき、したい方、いますか？」と尋ねていきます。

このような問いかけに加えて、新さんはホワイトボードに、「パソコン」「点つなぎ」という「作業」内容もあらかじめ書いておきました。そして、「パソコンの仕事、したい方、いますか？」と尋ねたそうです。すると、タカシさんもマサルさんも、「はい」と手をあげたとのこと。

そうして、パソコンでアニメを見るという「仕事」、点つなぎをするという「仕事」が始まりました。タカシさんもマサルさんも、やっていることはこれまでと変わりません。アニメを見たり、点つなぎをします。しかし不思議と、タカシさん、マサルさんの行動が変わっていきます。マサルさんの場合、別室で点つなぎをしていたはずなのに、ときどきみんなが仕事をしている部屋にわざわざやってきて、点つなぎをするそうです。職員が様子を見ながら、「マサルさん、この袋入れの仕事も手伝ってくれる?」と尋ねると、手伝ってくれることが増え、徐々にではありますが、点つなぎ以外の作業もするようになりました。タカシさんは、他の方とも雑談しながら、作業をするようになっていったそうです。

考えてみると不思議です。タカシさんもマサルさんも、これまでとやっていることは変わっていません。変わったのは、アニメや点つなぎが「仕事」として位置づけられたことだけです。しかし、タカシさんやマサルさんにとって、大きな転換点になったのでしょう。これまでは、「仕事をしていない人」という評価を受けていたはずです。職員から「仕事しなさいよ」と注意や指示を受けたり、ときには、他の利用者から直接、注意されることもあったでしょう。もしくは、注意がなかったとしても「仕事をしていない人」という雰囲気があったはずです。ご自身も、アニメを見つつも、点つなぎをしつつも、どこか、居心地の悪さを感じていたはずです。

しかし、朝礼で「アニメは仕事の1つだ」と行為の意味が変わることで、周囲は注意をする必要がなくなります。仕事をしているわけですから。それに、タカシさんもマサルさんも、自分を責める必要がありません。だからマサルさんもタカシさんも変わっていったのです。

ただ、ここで注意をしておきたいのは、「仕事をしない人には、今していることを『仕事』として位置づければよい」といったハウツーの問題にしてしまわないことです。

このような対応の奥にある実践者の意図や、利用者の行動の裏にある気持ちを考えることが大事です。統合失調症の方の場合、気持ちの波もあって、毎日、作業所に来ることは簡単なことではありません。「泥の中を這うようにして来る」と表現された方もいました。そのようななかで、やっとのことでたどり着いたアニメだったかもしれません。このような利用者への理解があるからこそ、「枠を決めて守らせる」支援ではなく、むしろ「よう来たなぁ」という意味をこめて、アニメを仕事としてとらえる支援が生まれたのです。単純なハウツーではありません。

このような前提を確認したうえで、この実践から学ぶことをいくつか記します。

◈障害のとらえかた――手持ちの能力の全面的開花

このエピソードからは、「障害」の見方を学ぶことができます。「障害＝できない」というとらえ方ではありません。なぜなら、もし「障害のために仕事ができない」ととらえていれば、「どうすれば作業ができるようになるか」と考えていたはずだからです。かといって、「障害の強み」に注目しているわけでもありません。アニメを見ることが「強み」とは一般的には考えにくいでしょう。

本書でしばしば触れてきたように、今、本人がやりたいことやできることに注目して、そこを大事にしていくという「手持ちの能力の全面的開花」という見方と共通しています。ヒモふりに価値を見出した実践（第2章）のように、一見、「困った行動」に見えるなかにも、「それがいいんだよ」というまなざしを向けていくような見方です。

◈発達のとらえかた——子どもを変えるのではなく、子どもが変わる

このエピソードからもう1つ学べるのは、利用者を直接変えようとはしていないところです。支援者は、「仕事をしなさい」と指示していません。タカシさん、マサルさんは、自分からみんなの部屋に来たり、仕事を頼まれてそれに応えているうちに、自ら、パソコンを脇において仕事をするように変わっていきます。まさに、発達保障が大事にしてきた「自己運動とし

ての発達」、「子どもを変えるのではなく、子どもが変わる」という見方です。

近藤直子さんは、障害のある幼児の発達と保育の関係について次のように語られています（近藤、２０１２）。

> 実践において大切なことは「できないことをできるようにする」のではなく、本人が自分で変わっていく力をもっているので、その力を発揮して自分で変わっていくためには何が必要なのだろうかと考えることです。（P34）

大人が子ども（利用者）を発達させることはできません。子ども（利用者）自身が発達するのです。このエピソードに即していえば、「今・ここ」の自分を尊重されることで、タカシさん、マサルさんは周りに目を向ける余裕ができます。そして、周囲から頼りにされることで、新しい自分に変わっていきます。このプロセスが発達なのです。

◈教育のありかた――「子どもが変わる」土台をつくる

「手持ちの能力の全面的開花」「子どもを変えるのではなく、子どもが変わる」という視点で障害や発達をとらえた場合、教育はどのようなありかたがイメージされるのでしょうか。

それは一言でいえば、教育とは「子どもを変えよう」するのではなく、「子どもが変わる」

土台をつくることであり、その土台は、子どもの今の関心や能力を出発点にすることといえます。

このように書くと、「当たり前やん！」とツッコミがきそうです。確かに、目新しいことではありません。しかし、それが、障害のある子ども、とくに、感じ方が独特である自閉症スペクトラムのある子どもの場合、当たり前にはなりません。それは、本書でこれまで書いてきた実践エピソードを見ていただければわかっていただけると思います。私たちは「困った」と感じる子どもの行動を目の当たりにすると、どうしても「不適切行動をなくす」とか「ほめまくって『適切』な行動を身につけさせる」という方針になりがちです。子どもを変えようとしてしまうのです（もちろん、それは善意からきていることではあるのですが……）。

実際、現在の学校教育では、「みんな同じ姿勢をとる」「机の上の赤鉛筆の置き場所まで一律に決めて指導する」といったように、子どもの行動を統制しようとする流れが強くなっています（赤木、２０１７）。

一足飛びに「こうすべきだ」と対応を考える前に、子どもが変わる土台をどうつくるかを、丁寧に考えていく必要があります。それは、本書で繰り返し述べてきたように、子どもの「今・ここ」の行動の意味を考えながら、尊重し、より充実させていくような活動を準備することに他なりません。

もっとも、あまりに小難しく考えると、教師も保護者も子どもも息が詰まってしまいます。新喜劇（第12章）のように、「まぁ、そういうこともあるよね」と失敗も含めておおらかに、子どもも大人も許せるような関係や、「今を愛おしむ」（第11章）のように「ようわからんけど乗ってみよう」というノリなど、正しさとはちょっと距離をおいた遊び心を大事にしたいものです。

〈引用文献〉

赤木和重・岡村由紀子（２０１１）『気になる子と言わない保育：こんなときどうする？　考え方と手立て』ひとなる書房
赤木和重（２０１７）「ユニバーサルデザインの授業づくり再考」『教育』８５３、73－80ページ
近藤直子（２０１２）『自分を好きになる力：豊かな発達保障をめざして』クリエイツかもがわ

コラム 6

1000回音読

在外研究という機会を得て、2015年度に1年間アメリカで研究・滞在していました。そして、日本に帰ってきて2年少しがたちました。アメリカでの記憶が急激に薄れています。「ほんまにアメリカに行ってきたのかな?」と思うこともしばしば…。あぁ。

一方で、私の身体は、アメリカでの体験を確実に覚えているようです。その1つは、英語の音読。日本に帰ってきてからも、毎日、英語の音読を続けています。ただ、正確に言えば、「続けている」というよりも、「身体が音読を求めている」と表現したほうがぴったりします。英文の音読をしないと落ち着かないのです。中学高校レベルの簡単な文章を何度も何度も音読します。正確な回数を測ったわけではありませんが、低めに見積もっても1000回は同じ文章を音読しています。

音読にはまったきっかけは、アメリカに渡って1か月ほどしたときのことです。何気なく、中学レベルの文章を音読しました。驚きました。自分の話した言葉が理解できないのです。My father will take my little sister to her school tomorrow. というような文章がいくつか続くと、自分が話すスピードに理解が追いつかないのです。衝撃でした。自分の話す英語すら理解できないのに、アメリカ人の英語を理解できるわけがありません。実際、当時はほとんど理解できませんでした。そこで、簡単な文章を音読することを繰り返しました。

何度も何度も中学レベルの文章を音読します。すると、いろいろな発見が生まれました。たとえば、発音。「f」は、上の歯を下唇にあてて発音します。中学1年生で習います。しかし、頭で理解することと、実際に会話のなかでできることとは天と地ほど違います。300回ほど音読したときに、「あ、これこれ!」という「f」の発音ができました。腑に落ちるのです。もううれしくて仕方がありません。この感覚をつかむと、ネイティブとの会話でも、あら不思議、確信をもって「f」の発音ができるようになります。

発音以外でも、音読を繰り返すうちに、「この表現がかっこええなぁ」というお気に入りの文章が出てくるようになります。「なぜ関係代名詞が発明されたのか」といった英語の構造が見えてくるようになります。1000回音読しても飽きることがありません。繰り返すなかで、気づきがやってきます。

この経験は、これまでの自分の仕事を見直すきっかけになりました。アメリカに行くまでは早く効率的に多くの仕事をこなすことに軸足がありました(そうせざるを得ない事情もありますよね)。でも、効率だけに目がいくと、「腑に落ちきる」ところまで仕事をしないんですよね。

しかも、効率重視だと、腑に落ちていないために、確信をもってことをすすめられません。

中学レベルの文章を1000回音読するってとっても非効率のように思えます。でも、対象に繰り返し向き合うなかでこそ、見えてくることがあるのだと気づくことができました。新鮮な学びでした。

正直、今は日々バタバタで、研究テーマや現場で出会った子どものことをじっくり考える時間がなかなかありません。「早く仕事をやっつけないと」となりがちです。でも、繰り返し繰り返し取り組むことが、発見と確信をもたらしてくれます。そういう仕事をしたいなと痛感しました。同時に、「じっくり」を大事にできる職場や社会をつくっていかなければとも感じています。

おわりに

本書は、雑誌『みんなのねがい』に2014年4月から2015年3月にかけて「目からウロコ！ 自閉症児の発達と保育・教育」と題して連載したものを、大幅に加筆・修正したうえ、まとめたものです。連載後、1年間のアメリカ留学をはさんだこともあって、まとめるのに、3年以上も経過してしまいました。こんなにも遅れてしまったのは、ひとえに私の怠慢によるものです。

一方、時間をおいたことによる収穫もありました。当時はぼんやりしていた視点が、はっきりと見えてきたからです。今さらながらですが、2つの視点を大事にして書いてきたことがわかりました。

1つ目の視点は、「そうきたか！」という「驚愕《きょうがく》」です。本書のタイトル「目からウロコ」にもあるように、私自身が、子どもの姿や実践者のかかわりに対して、「えぇ、あの子が、そんな行動するの⁉」とか「えぇ、保育者さん、そんなことしていいの⁉」といった自分が驚いた感覚を大事にしてきました。ドミノをあえてずらして置く子どもの行動におののき、チンコを連呼する子どもにあえてチンコネタで返す実践者の感性に驚愕した感覚をもとに本書を書いてきました。

……しかし、本書をまとめながら、ふと疑問に思うことが出てきました。そもそもなぜ私はここまで執拗に「目からウロコ」「驚愕」にこだわっているのだろうか？　と。ほんまに今さらですよね。そして、う～んと考えてみて、次のようなことだとわかりました。

今の自分がもっている子ども観や障害観、教育観では理解しきれないからこそ驚愕するのだと。そして、その驚愕の先にある新しい子ども理解や、指導のあり方を知りたいからこそ、「目からウロコ」「驚愕」にこだわってきたのだと。

第1章でも述べたように、実践者の成長は、知識や技術を獲得するだけではなく、自分の子ども理解や指導の考えが変わることが必要です。しかし、少なくとも私の場合、年齢を重ねるにつれて、自分の理解できる枠の中で子どもの姿や実践をとらえるようになります。理解しにくいことを「なかったこと」「どうでもいいこと」にしてしまいがちです。でも、それでは新たな子ども理解や指導の視点を生みだすことはできません。

「目からウロコ」をテーマにした本書を書くことで、なにより私自身が成長させてもらったなぁと感謝しています。

一方で、驚愕だけでは十分ではないとも思います。変わった実践やユニークな子どもの姿だけを追い求めれば、下手すると、ウケねらいの奇抜な実践になってしまいます。それになりよりも、そもそも実践者は奇抜な実践をやろうと思って日々子どもとかかわっているわけではありません。子どもの気持ちを大事に、ときに悩みながら保育や教育をしてみたら、結果として驚愕的な実践になったのです。

驚愕的な実践の根っこにあるのは、「そうだよねぇ」という共感《きょうかん》です。この共感が本書で大事した2つ目の視点です。

チンコネタを一緒に言いあうことは、その瞬間だけ見れば突飛かもしれません。でも、その背景には、「保育って、子どもと一緒に楽しむことだよね」という保育の原点が位置づいています。その原点に触れることで、驚きは共感に変わります。

えこーる新喜劇の「障害のある青年の失敗をネタにする」というのも、ここだけ切り取れば論議をよぶ活動です。でも、その奥には、「誰にでも失敗ってあるよね」「笑って、それから、次にいこうや」という共感的なまなざしがあります。そのまなざしを感じることで、障害のある青年も、見ている私たちも「そうだよねぇ」と安心感を覚え、一歩進む勇気をもらえます。

ユニークな実践の奥にある共感的なまなざしを本書から感じとってもらえれば、うれしいです。「そうだよねぇ」という共感こそが、様々な人とつながっていく契機になるからです。

自閉症スペクトラムの子どもたちの予想外ともいえる行動や実践者のユニークな支援に対して、驚きの気持ちで出会い、かつ、「わかるわかる」という共感的なまなざしを伴って理解していく……そんな姿勢で、これからも彼らとともにときに楽しく、ときにアタフタしながら歩んでいこうと思います。

最後になりましたが、この本の要になる素敵な実践を提供してくださった先生方、保護者の方、子どもたちになにより感謝いたします。みなさまのご協力がなければ、この本は日の目を見ることがありませんでした。実践は、研究よりも一歩も二歩も前に進んでいます。少しでも、素敵な実践に追いつき、かつ、実践を豊かにできるような研究を進めていきます。

また、本書のアイデアは、私ひとりから生まれたものではありません。全障研の集団的な研究活動に参加するなかで生まれたものです。改めて先輩たちがなされてきた仕事に驚嘆すると同時に、これから続く若い人たちに少しでも何かを返すことができればと思います。さらに、連載当時は、編集部の圓尾博之さんにご助言いただき、また本をまとめるにあたっては、梅垣美香さんと鈴木　庸さんにお世話になりました。本書を素敵なイラストで飾ってくださったいば　さえみさんにもお礼を申し上げます。加えて、越野和之先生、別府　哲先生に、有益なコメントをいただきました。感謝申し上げると同時に、私の力量ゆえ、十分に反映できていない部分もありますが、今後の課題ということで引き取らせてください。また、私の研究室の学生にも率直なコメントをたくさんもらいました。本当にありがとう。みなさんと一緒に研究できることは私の誇りです。

今の日本には、薄雲がかかったようなどんよりとした空気が漂っています。障害児教育、障害者福祉も例外ではありません。特別支援学校の過密化や、行き過ぎたキャリア教育など状況が悪化している部分も多くあります。私に何ができるのかハタと立ち止まってしまいます。

そのなかではありますが、驚愕と共感を伴う実践や研究は、多様な人の心をウキウキさせ、そして、人をつなげていく力があると実感しています。その実感は小さなものかもしれませんが、確かな一歩でもあります。本書がその１つのきっかけになれば、本当にうれしいです。

２０１８年５月７日

明日の授業準備に追われながら

赤木和重

赤木和重（あかぎ　かずしげ）

1975年生まれ。神戸大学大学院人間発達環境学研究科 准教授。京都大学卒業、滋賀大学大学院、神戸大学大学院修了。博士（学術）。専門は発達心理学。全障研兵庫支部 支部長。

【主な著書】
『アメリカの教室に入ってみた：貧困地区の公立学校から超インクルーシブ教育まで』（単著、ひとなる書房）、『ホントのねがいをつかむ：自閉症児を育む教育実践』（共著、全障研出版部）、『教育と保育のための発達診断』（共著、全障研出版部）、『「気になる子」と言わない保育：こんなときどうする？考え方と手立て』（共著、ひとなる書房）など。

本書をお買い上げいただいた方で、視覚障害等により活字を読むことが困難な方のために、テキストデータを準備しています。ご希望の方は、全国障害者問題研究会出版部まで、お問い合わせください。

目からウロコ！　驚愕《きょうがく》と共感《きょうかん》の自閉症スペクトラム入門

2018年８月20日　初版第１刷
2020年12月１日　　　第４刷

著　者　赤木和重
発行所　全国障害者問題研究会出版部
〒169-0051
東京都新宿区西早稲田2-15-10 西早稲田関口ビル４F
Tel.03-5285-2601　Fax.03-5285-2603
http://www.nginet.or.jp
印刷所　モリモト印刷株式会社

　ISBN978-4-88134-715-7